八重山ネイチャーライフ

シマの暮らしと生き物たち

Takashi Fukaishi

深石 隆司 著

八重山の自然

オオゴマダラ

けだるく舞うオオゴマダラは、まさしく沖縄の蝶だ。
旱魃も台風も津波も地震も、あらゆる災害ももものともせず、
今日も頼りなく、けだるく、フワフワと…。

ガジュマルの木もれ日

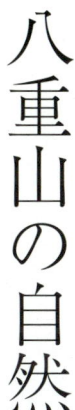

島は闇の中で

ヤエヤマオオコウモリ（本文「島は闇の中で」参照）

日本ではトカラ列島まで同属の仲間が分布する。国学者新井白石が「南島志」（享保四年）に俗名八重山こうもりとして紹介している。

有視界飛行をするため目が大きい。梢を翼指を使って移動する姿は猿にも似る。

かん高い鳴き声は悲鳴のように聞こえる。

ヤエヤマアオカエル

沖縄のカエルは元気がいい。冬でも雨が降るとしきりに鳴く。ところが夏には影を潜めクワズイモの葉柄の付け根あたりにモグリ込んでヘタッテいることが多い。

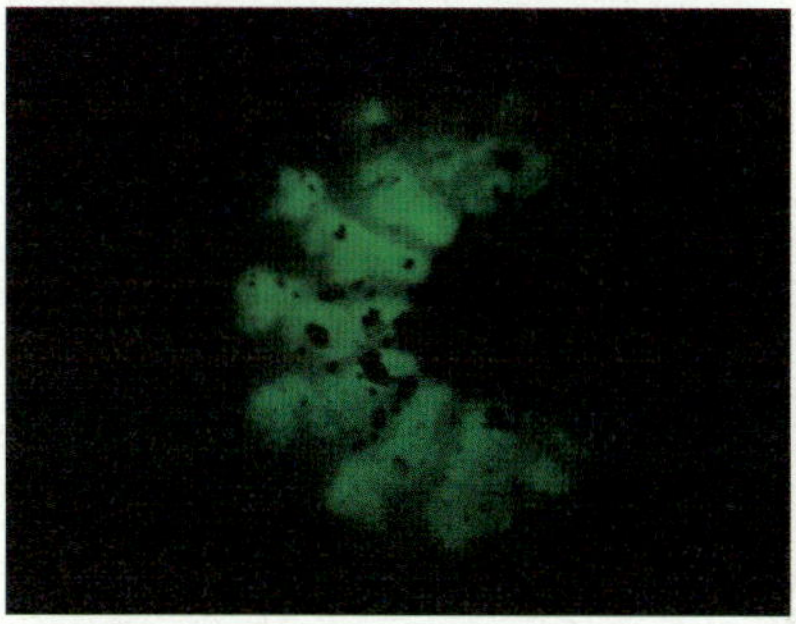

体全体で発光するキベリクシヒゲボタルの蛹

（本文「闇に光る命」参照）

ホタル類がお尻の端にある発光器で光ることはよく知られている。蛹の時期にも発光するが、このホタルは発光器と体全体の発光を使い分ける。

眠るハチ（本文「森の光」参照）

小枝にしがみついて寝ているアオスジコシブトハナバチ。

キベリクシヒゲボタルの卵発光

（本文「闇に光る命」参照）

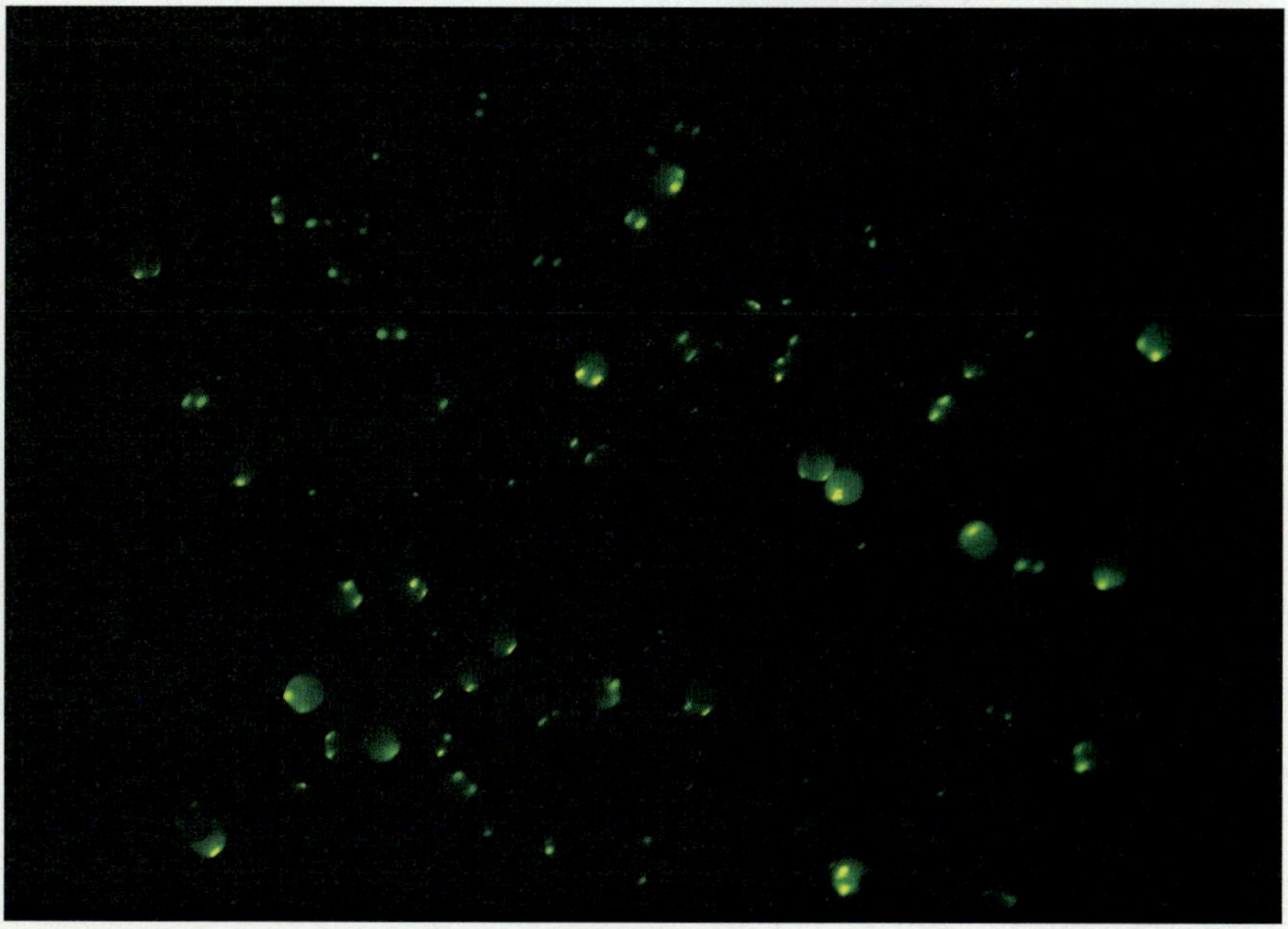

島に自生するモダマ（本文「ウミヌヨリムン」参照）（鈴村順子撮影）

「ジャックと豆の木」を思い起こさせるモダマの巨大なツル。種子が海流散布されるモダマ類は熱帯を分布の本拠とする。山中にも自生する島のモダマはいつ、どのように広まったのだろうか。

八重山ネイチャーライフ／目次

第三章　シマの生き物 133

プロローグ

東京の新宿で生まれ育った私が初めて海と出会ったのは、小学校の遠足で行った千葉県浦安の干潟だった。

お茶の水駅前の聖橋下から達磨船（荷物運搬用の船）に乗り、神田川、隅田川を下り東京湾へ出て、潮干狩りに行ったことを記憶している。船から河岸を見上げる東京の街は、日頃見慣れた繁華街の裏側を眺めることになり、生活の気配を漂わせていた。子供なりに自分の暮らす都市の素顔を垣間見る思いがした。

私にとっての浦安とは、暮らしの中でもっと幼い頃から海を予感させる場所でもあった。それは朝餉に出るみそ汁の具のアサリが、浦安からもたらされるということを聞いていたからだ。行商のアサリ売りは、ときには生きたカニをおまけにくれた。海の生き物との出会いは、そんな東京での日常にもわずかばかりあった。

私の記憶の中での海は、アサリ、カニ、川、都会の暮らし、とゆうふうに繋がり、そんなささやかな繋がりも突然途絶える。そして、その後、日本経済の高度成長と共に浦安の海は埋め立てられていく。

幼い頃から生き物好きだった私の身辺からは、引き潮のように自然や生き物が遠ざかっていった。そしていつしか武蔵野、八王子丘陵、高尾山、奥多摩と、それらを求めて足を運ぶようになる。

次に私の記憶に海が現れるのは、高校二年の時、昆虫採集に一人で出かけた屋久島の海である。以後、トカラ列島、奄美諸島、沖縄、八重山と旅に出かけ、ふとしたきっかけで島暮らしがはじまる。

「思えば遠くに来たものだ」と振り返ることもある。まるで虫採りに夢中な少年が、ふっと気が付けば黄昏時、野原に長い影を映してたたずんでいる光景を想い浮かべる。石垣島に暮らしてすでに二十五年がたち、その前に旅行で来た西表島キャンプを含めると、これまでの人生の約半分を南の島で過ごしたことになる。海、島、人、暮らし、多くの生き物たち、これまでの出会いの記憶を拙い文章にまとめてみた。「何が私をここへ導いたのだろうか…」と問いかけながら。

コノハズクの鳴く夜、石垣島にて

第一章

キャンプの日々

西表島地図

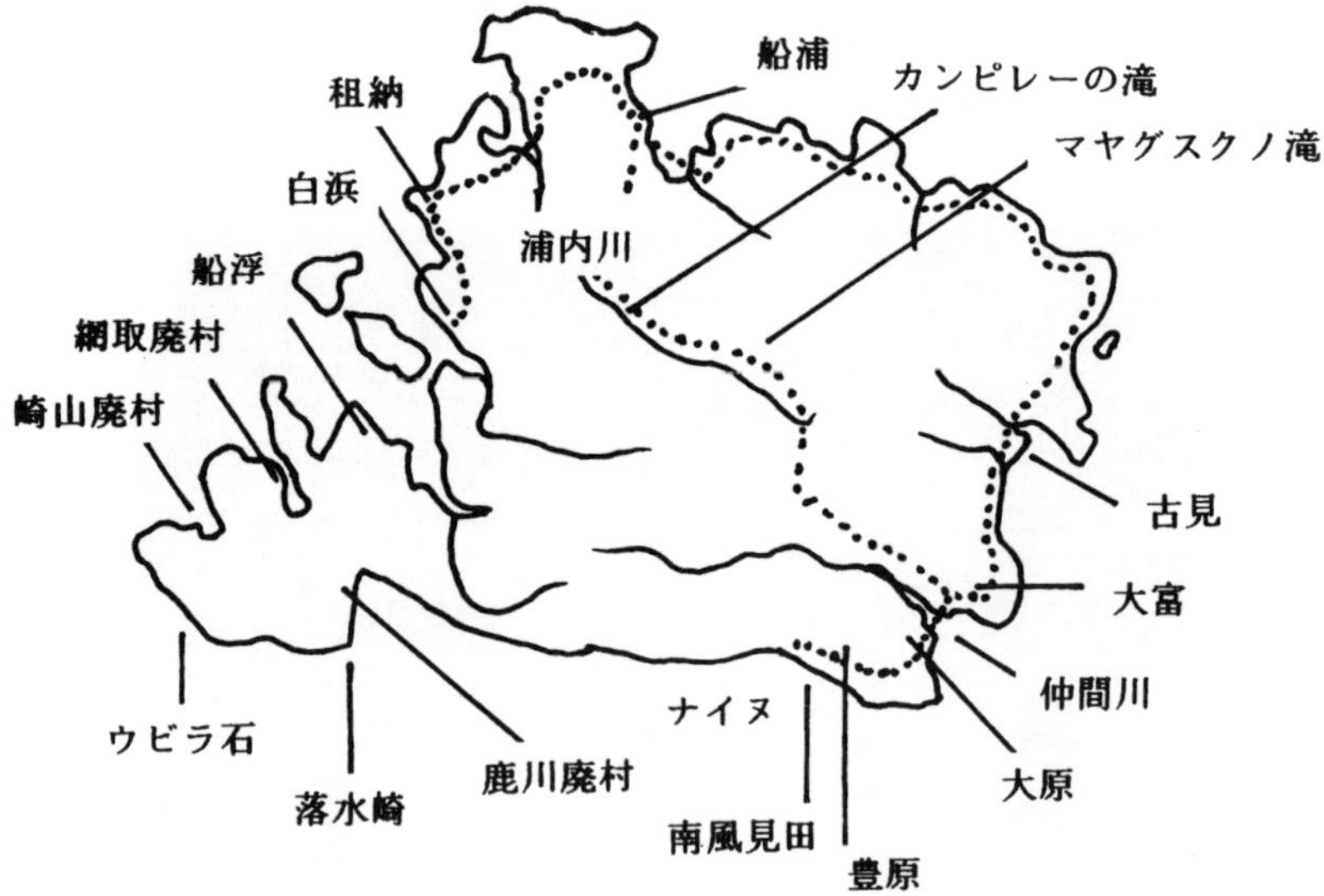
船浦
カンピレーの滝
租納
マヤグスクノ滝
白浜
浦内川
船浮
網取廃村
崎山廃村
古見
大富
仲間川
ナイヌ
ウビラ石
大原
鹿川廃村
落水崎
南風見田
豊原

島は闇の中で

初めての西表島《いりおもて》

西表島に着いた初めての夜、白浜《しらはま》で売店兼食堂がはじめたばかりの宿に泊まった。港に面した寂しい集落の店には地元の人か、たまに訪れる観光客ぐらいしか客も来ないのであろう、品数もメニューもわずかばかりであった。

軽い夕食を済ませると、これまでの長い船旅の疲れからか急に眠気に襲われ、部屋に籠もって明かりを消した。布団の中で重く沈んで行く体とは裏腹に、ものの気配に感応する意識がいつまでも目覚めていた。

部屋の外からは「コロコロコロ……コロコロコロ……」と幾匹も鳴き交わすカエルの声が聞かれ、時々、部屋の中の闇からは「ケケケケケ…」という得たいの知れぬ鳴き声が聞かれる。まだ、体が馴染まない亜熱帯の気温と湿度は寝苦しさを増した。

私とミホ（妻）の二人が東京の晴海埠頭を出航した時は、小雪混じりの天候で、船旅で過ごした数日の夜は、エンジンと波の単調な音の中で眠りに着いた。それが今、冬だというのに息づく生き物の気配に包まれている。

やがて、食堂の方からは男たちの声が聞こえ、時には小声で、時には張り上げた声で意味不明な方言が飛び交う。酒に酔った男のあり余る息遣いが、闇の壁の向こうから伝わってくる。昼間、ひっそりとしていた集落とは別の世界が、眠りに溶けかかった意識の中で感じられた。

翌朝、キャンプに必要な食料、物資を買い揃えてから、用船したサバニで網取《あみとり》廃村へと向かった。湾内の穏やかな海を斜めに横切って、ゆっくりとサバニの舳先が白い砂に乗り上げると、つい数年前までここに人々の暮らしのあったことが信じられないほど静まり返った美しい浜が待っていた。浜には一切人工的な物がなく、背後は青々とした海岸林が迫っている。波が、風が、光が、自然のために時を刻んでいる。

荷物を降ろしてから、船主が廃村跡を案内してくれた。海岸林のトンネルのような暗い踏み分け道を抜けると、突如明るい集落の道が開け、正面に小さな門柱が立っていた。網取小中学校の跡だ。村道は右に曲がり、教員宿舎と思われる比較的新しい作りの家を始めに、集落の廃屋が続く。井戸のある場所まで案内してくれた船主は、私たちに次の買い出しに白浜へ行く日にちを確かめると帰って行った。

廃村、網取

沖縄本土復帰の前年（一九七一年）に、廃村になったこの村は今でも廃屋がそのまま残り、集落の中は人々の暮らしの跡を色濃く残している。石垣によってはっきりと区分けされた家々の跡地には、今でも庭の風情が見て取れ、戸の開け放たれた家屋の壁には、カレンダーや出生児の命名札も貼られたままになっている。家具の開け放たれた引き出しには、杣山管理帳とか児童の絵、それに石垣島の商店のチラシまである。まるで、野良仕事に出ていた家主がいつ帰ってきても不思議ではない気配であった。

集落を一通り見て回って、私たちのキャンプ場所は学校の準備室を使うことになった。何者かによって窓ガラスの割られた教室では、生活するのに広すぎるし、民家では人の気配が強すぎる。まるで牢獄のような小さな窓がひとつしか無いコンクリートの部屋の方が、むしろここでの仮の住まいとしては、心安らぐ空間のように思えた。

船から降ろした荷物を仮の住まいに運び込むため浜へ行ってみると、荷物の周辺にはカラスが集まっていて、何やら歓迎のセレモニーを繰り広げていた。近付いてみると、朝、買い出ししたダンボール箱のふたが開いており、中に収めた食料品の包装紙が食い破られている。タバコのカートン箱もバラバラになっていた。手痛い歓迎である。

夕方になって住む場所もすっかり整いホッとしていると、集落の方から長閑な笛の音が聞こえて来た。船主から、ここに一人のキャンパーが既にいることを聞かされていたので、その人が吹いているものだとばかり思っていた。

ところが、その矢先校舎の外れから一人の青年が歩いて来るではないか。

「えぇぇ」一瞬思い違いに気づいて戸惑いを覚えた。今でも笛の音は聞こえているのだ。一体誰が吹いているのだろうか、と思っていると青年が言葉を掛けて来た。

「キャンプするんですか」

「ええ、しばらく居ますのでよろしく。他に誰かいるんですか」

と、笛の音の吹き主を聞いてみた。

「いいえ。今までズッと一人だったよ」

「じゃあ、あの笛は誰が吹いているの」

「………ああ、あれね。あれは笛の音じゃなくてズアカアオバト。笛吹きバトと言う人もいるけど」

「へぇぇ、ハトなんだ。まるで、曲を吹いてるみたいだから、てっきり人かと思った」

「みんなはじめはそう思うんだ。……俺は、教員宿舎にいるから。これは庭で収穫したトマト、小さいけど美味しいぞ。いろんな家の庭や畑に生えてるから採って食べたらいいよ」

彼が帰った後でもアオバトは笛を吹いていた。

デイゴとヤエヤマオオコウモリ

「ポポー、ポッポー、ポポー、ポッポー、ポォ、ポォ、ポー、ポオー」

私たち二人は、先住の青年を「村長」と名付けた。

夜の訪問者

夜になると校庭の方で騒がしい悲鳴が聞こえた。しばらく準備室の中で、外の気配をうかがっていたがいっこうに止みそうもなく、別の鳴き声も聞かれ出したので、そっとドアを明けて懐中電灯の明かりで照らしてみた。悲鳴は校庭脇にある大きな木の上からしており、光の輪に映し出されたのはオオコウモリであった。

別な気配の方へ光を向けると、運動場の方で赤い目が幾つも光っている。「何か獣がいる」っと思った瞬間、ドッドッドッドッドーと影が走り去った。イノシシであった。

「ウヒャー、イノシシがそこまで来ている」

ミホは、もう寝袋に潜り込んで寝ていた。

その後、夜になるとイノシシは毎日のように運動場や畑を耕しに来たし、時には朝、水汲みに井戸へ行くと、廃墟の縁の下から慌てて山へ帰って行くオオチャク者もいた。イノシシにとってみれば、最近人間が増えて住みずらくなったなー、と苦情の種なのだろう。

私たちは毎日、昼間は周辺の海や山を散策し、夕方から夜にかけては前の浜で食料調達のため釣りをして暮らした。魚はフエフキダイの仲間が良く釣れ、刺し身にしたり焼いて食べたが、食べ切れないものを燻製やカマボコにしてストックした。

悪天候の毎日

しばらくしたある日、前の浜にサバニが着き、学生風の男子数人がドカドカと上陸して、井戸のそばの廃屋でキャンプを始めた。めいめい持って来た大きなリックには○○大学探検部と書かれており、ラジウスやらコフェルやらのキャンプ道具が座敷に所狭しと置かれてある。そういえばもう春休みの時期なのだ。

私たちが網取へ来てからずっと好天が続いていたのに、その日を境にして天候が荒れ始めた。北東の強い風が浜に吹き付け、海の時化《しけ》る日が続いた。それでも海岸林で浜と隔てた集落内は、まるで別世界のように風が当たらず静かである。といっても、これまで、村長の家からも私たちの所からも聞かれなかったラジオの音が一日中流れるようになり、呼び合う若者の声など、人の活気がみなぎるようになった。

前の浜では強風のため釣り仕掛けのオモリが流され、魚が釣れなくなった。始めのころ学生たちも釣竿を持って浜に姿を現していたが、あきらめたのか釣竿はいつも井戸の前にほったらかしにされるようになった。私たちにはまだ燻製があったが、単調さを補うために干潮の時、貝を採って食卓を飾った。

だが、日に日に、目に見えて集落内の野菜が少なくなって行く。人口が増えたからだ。いや、それだけではない、どうやら学生たちは、毎日野菜だけを採って食べているらしい。朝、井戸に水汲みに行くと、流しに置かれた汚れたコッフェルやゴミの様子で食生活が分かる。おまけに最近彼らの活気がまったく感じられず、いつも廃屋の中でゴロゴロしている姿が目立つ。食料の調達が出来ないでいるようだ。一日中、ただ、ラジオの音だけが集落内を響いていた。

悪天候の中、私たちは相変わらず干潮を見計らって貝採りをしていた。そんなとき、強風でミホが被っていた毛糸の帽子が飛ばされて海に落ちた。帰って来てすぐに井戸水で洗い、校舎の廊下に干しておいたが、数日しても乾かないでいるうちにアッと言う間にウジがわきはじめてしまった。東京から被って来た帽子はそのまま捨てることにした。

太陽の出ない日が一週間は続いたろうか。準備室に閉じこもる日が多くなってタバコも底をついた。ここに着いた初めの日、カラスの歓迎を受けてバラバラにされたタバコを捨ててしまったのが悔やまれる。捨てずにとっておけば、と思いつつシケモクを巻き直して吸うはめになった。買い出しのために迎えに来てもらう船は、二日先の予定である。

翌日、久しぶりの太陽が朝から輝かしい日差しを集落に降り注いだ。昼前になって、何やら井戸の方が騒がしくなると、オーイという学生の声が浜の方から聞こえて来た。浜へ出てみると湾の沖の方からサバニが向かって来るのが見える。学生たちはすでに荷物を浜に出し、大きく手を振っている。迎えの船が来たのだ。

次の日、私たちが頼んでおいた船が迎えに来た。白浜で降りて買い物を済ませたが、船主と待ち合わせの時間に間があるので、集落に一軒だけある「やまねこ」という喫茶店に入った。コーヒーを頼んでからカウンターにあった寄せ書き帳をめくると昨日の日付で「網取にて、一週間食料自給自足のサバイバル生活、〇〇大学探検部」とあって、その後に「やっと、ラーメンが食える！　アイスクリームが食える！　コーラ飲んだぞ、ガッパ、ガッパ、ゲップ、ゲップ。後は冷たいビールだ」と書いてあった。

川魚を釣るため仕掛けの準備をする

川での釣り

網取はまた村長と私たち三名の静かな集落に戻った。

前の浜から湾奥の岩場にかけて釣りをして、フエダイ、ブダイ、クロダイ、イサキ、アイゴ、ベラ、カマス、ダツ、ハタ、など一通りの海の魚を釣ったので、今度は川の魚を釣ってみようということになった。

集落の南側に田んぼの跡が二か所あり、そこから前の浜へ二本の川が流れているが、いずれも浜の砂でせき止められ、河口が溜まりになっている。夕方からそこへ出かけて釣り糸を垂れた。濁った溜まりの両側にはアダンが茂っていて奥へは溯る事が出来ない。浜側から糸にオモリと針をつけ、貝を餌にした簡単な仕掛けを投げ込んだ。

暗くなる前に小さなアタリがあって、その後もアタリはあるもののいっこうに釣れない。小さな魚がつついているのかも知れないと思い、アタリがあっても合わせないでいると、薄暗くなった水面を糸が上の方へ移動して行くのが分かる。合わせる、が手ごたえがない。

空の残照が消えると、アダンの茂みの中では沢山の生き物の気配と共にガサガサと落ち葉を踏む音がする。オカヤドカリやカニの仲間が活動しだしたのだろう。亜熱帯の夜は賑やかに暮れていく。

すっかり暗くなったころ、また、糸が上の方へ引かれていくので、今度はそのままにして様子を見た。しばらくして糸が止まり、また、動き出したので、合わせずにソッと引き上げてみた。糸の先に何やらズッシリと重いものが付いている。水面近くにまで上がって来たので、顔を近づけて暗い水中を見ると子供のこぶし程のハサミをしたガサミ（大型のカニの一種）が糸に絡んでいた。

別の日には、もう一本の川に釣り糸を垂れることにした。浜に漂着した竹竿がちょうど釣竿によさそうなので、それに仕掛けを結んだ。夜になって ミホが竿を使って餌を投げ入れると、間もなくして、無言で立ち上がり、その後、ひたすら息を詰めて耐えている気配があった。

「何か釣れたか?·?·?·」と聞くと同時に、「ベキッ」という音がして、水面に何かの落ちる音がした。懐中電灯を点けてみると、折れた半分の竿を持ってたたずむミホの姿と、水面に航跡を描きながら上へ向かう竹竿の半分があった。

「何だろう。今の。メチャ大きい」

田んぼの脇のこんな小さな淀みに一体何が潜んでいるのだろう。

当然のように、翌日も同じポイントへ出掛けることになった。釣り道具の他に、包丁とナタを持参して……。

この日は、私の方の仕掛けにアタリがあり、釣り上げてみると一・五メートルほどのオオウナギだった。砂の上で暴れるウナギをナタで叩いて仕留めてから、その大きさを見て昨日のはどれ程大きかったのだろうとしばらくの間、興奮が治まらなかった。

もちろん、翌日は集落内に香ばしい醤油の焦げる匂いが立ち込め、村長を含め三名の住民の胃袋の中にオオウナギは呆気なく収まった。

鹿川《かのかわ》キャンプ

ゲントクさん

一九七五年の春、旅行ではじめて西表島に訪れた私たちは、島の西部から原生林の山々を横断して東部の大富《おおとみ》に移り、すでに数日が過ぎていた。仲間川の橋のたもとにある「やすみや」という食堂のネーサンに鹿川へ行ってくれる船を頼んでおいたが、いまだに船主が現れない。食事に行く度に「ゲントクさんが石垣から戻ったらきっと行ってくれるさ〜」と同じ返事を繰り返す。「そのゲントクさんって言う人は、何しに石垣へ行ったのですか」と少し具体的に話を進めると、「エイコの高校の入学式さ〜」と言う。西表島には高校がなく、中学を卒業すると進学の生徒は親元を離れ、石垣島に出ることはあらかじめ人から話を聞いて知っていた。

それにしてもはじめの日は、「明日帰るはずよ〜」と言っていたものが、その翌日からは、「もう帰るはずよ」に変わり、後はずっと同じ返事なのである。

幾度か店に通ううちに、「やすみや」のネーサンは「ミッチャン」と呼ばれていることが分かった。そのミッチャンの話では、「エイコが高校の寮に入ったから、ゲントクさんは美崎町（歓楽街）辺りでハメを外しているはずよ。独身男は石垣に出たら何時帰るか分からないさー」と言うのである。

八重山の島々では、高等教育も行政も社交場も石垣島がメッカなのだそうだ。そういえば、夕方になると大富の子供たちや大人たちが、改修中の仲間川の橋に集まって来る。子供たちは手に釣竿を持って橋の上から糸を垂れたりしているが、大人たちは、ただ、何をするでもなく東の方を眺めていた。ひょっとすると石垣島の灯が恋しかったのだろうか。

私たちは、西部の白浜で知り合った中西さんの小屋をお借りして大富で宿泊している。中西さんは、西部で観光客を船で案内する仕事をしている。私たちはお客と言うわけではなかったが、民宿で夜のひととき話を聞く機会を得た。

中西さんは、四国高知の出身で戦後まで台湾貿易の船に乗っていた。船の上で終戦の知らせを受けた時、思い余って割腹を図ったものの、死にきれなかったそうだ。切った腹からは、呼吸をするたびに腸が顔を出していたので、船乗り仲間が見かねて縫ってくれたと苦笑しながら話していた。その後しばらくしてから寄港地の石垣島で教師をしていた女性と知り合い結婚したが、先立たれて八重山に暮らすようになったという。

何故か話が弾み私たちが明日から東部へ行くと言うと、自分の大富の小屋が留守になっているので使うことを進めてくれたのだ。

小屋は桃盛さんという家の敷地に置かれてあった。置かれてあると言うのも、以前、島が台風災害にあった際、災害復旧対策として琉球政府から支給されたもので、プレハブと言うかコンテナと言うか、とにかく基礎の無い箱型のワンルームタイプなのである。

私たちはひたすらゲントクさんの帰りを待ち続け、毎日周辺の集落などをプラプラと見学していた。

四日目の夜のこと、

「鹿川に行きたいって言うのはニーサンたちか」と言いながら泡盛のビンを片手にドカドカと三人のオジサンが仮住まいの家に上がり込んで来た。

「ハァ、そうですが……」と言いかけると話はすべて決まったかのように、

「それじゃぁ。一緒にキャンプに行こう」と言うのである。

ちょっと待ってよ。私たちは船を用船して連れて行ってさえもらえればいいのだが、どうも話が違うと思っていると、

「鹿川は最高さ～。イノシシはいくらでもいるし、魚やタコは採り放題だし、山には野菜もあるし、食べ物は不自由しないから、米と調味料と酒、タバコだけ買って行こうね」と話は出発準備にまで進んでしまう。他のオジサンたちも「ウン、ウン」とうなずき、事はかってに決まって

行くのである。

このままでは、このオジサンたち三人と一緒に行くことになりそうなので「私たち二人だけ乗せて行って、日にちを決めて迎えに来てもらえればいいんですが」と切り返すと、

「乗せて行くのはいいけど、すぐには帰らないよ。いつになるか分からないから、迎えは出来ないさ～」と返事が返ってくる。

「日にちを決めて船をチャーター出来ないのですか。誰か他の人でもいいんですけど」と言うと、答えはあまりにもあっけなくキッパリと返って来た。

「アア、鹿川に行く人なんかいないね」

「どうしてですが」と尋ねると

「何時帰れるか分からないからさ」「風次第だからな～」と悪びれる風もない。

つまり、当時西表島の人達が使っていた船では足が遅く、航海に時間がかかるので、よっぽど天気の安定した日でないと行き来出来ないと言うことらしい。行くだけの片道ならまだしも、行って連れて帰るとなると、途中、避難する場所もないため危険だと言うのである。

この話はどこまで信用していいのか分からない。大富から鹿川までの距離は、大原、豊原《とよはら》辺りのリーフを回りこんで航海しても二十五キロ程だ。早朝、天気を判断して出航すれば、昼には戻れるだろう。しかし、今まで、自分たちでも他の人に当たってみたが、鹿川まで行ってくれると

いう人が居なかったことは事実だ。

「ところで、オジサンたちは何しに鹿川へ行くの？」と聞いてみると、「キャンプさ〜」と答えが返って来る。しかし、地元のオジサンが三人集まってキャンプを楽しむはずもない。何か他に目的があるはずだと考えていると、三人の中でも年長でリーダー格と思われるゲントクさんが「用事はある。私たちには用事はあるが、それは君たちが知らなくてもいいことさ〜。折角の機会だから一緒にキャンプに行こう」と言うのである。

すでに一升ビンの泡盛も底をつきそうになっている。電気の入っていない小屋なのでローソクを灯していたが、それも二本目が短くなった。飲み交わすうちに三人の人柄も徐々に分かり、あの強引さに悪意のないことが理解できた。前もって腹の中で考え溜めた言葉ではなく、その場の判断で話している。

私は「分かりました。それでは明日よろしくお願いします」と申し出た。ゲントクさんは「明日かどうかは分かんないさ〜。明日行けたらいいね〜」と言いながらフラフラと小屋の外に出て行った。間もなくしてジャーっと水の流れる音がして「おお、明日は大丈夫そうだな」と言う呟きが聞かれた。他の二人も同じようにフラフラと外に出ると水の流れる音が追加されて、暗闇の向こうで沖縄方言の話声が聞こえた。

ジョンとポリ

出発の準備を終えて戸締まりをしてから昨夜聞いておいたゲントクさんの家に向かった。民家の庭を回り込んで裏に行くと、中西さんの小屋と同じタイプの小屋が置かれてあった。

縁の下から茶色い犬がウゥッと低く唸りながら出て来て私たちを遠巻きにしながら何処かへ行った。続いて毛が長目の別の犬がはい出て来て吠えながら尻尾を振った。小屋からはゲントクさんの顔がのぞいて「おお、今準備するから少し待ってて」と言いながらガラス戸を開けた。

部屋は飯台を取り囲むようにして座る場所がある以外、衣類や漁網や道具などで氾濫している。見るからに独身男の部屋だ。ふっと、高校へ行ったエイコという女の子のことを思いだしたが、この家で一体どんな暮らしをしていたのだろう。

ゲントクさんは肥料袋を引っ張り出すと山刀やノコギリ、それに衣類を丸めて押し込んだ。出がけに飯台の上にあったタバコとライターをビニール袋に入れてからポケットに突っ込んだ。ゲントクさんが縁の下から地下足袋を取り出して埃を払うため叩くと、先程、私たちの気配に姿を消していた茶色の犬がどこからともなく近付いて来て、太く真っすぐでしなやかな尾を振った。

「この犬、何て言う名前?」と聞くと「これはジョン、あれはポリ」と紹介してくれた。ジョンは茶色の短い毛並みの中型雑種犬、胸幅が広く首が太いため顔が小さく見える。先程から私たちを無視していたが、ゲントクさんの外出を知るや喜びの態度を体全体で表している。しかし、見知らぬ客である私たちの近くへは決して寄らない。一方、ポリの方は耳の垂れた毛の長めの雑種で、吠えはしたがすぐに警戒心を解いて近づいて来た。どうやら、この二匹はジョンがリーダーのようだ。

仲間川の船着き場へ行くと、他の二人のオジサンはすでに来ていてサバニを出す用意をしていた。二匹の犬が真っ先に乗り込んだ。

ゲントクさんが「カンエイ、何々はいいか……キヨシ、シートは積んだか……」などとてきぱきと指示しているので、これといって紹介はされなかったが、二人のオジサンの名前もコンビの様子も分かった。いよいよ、二匹の犬と三人のオジサン、それに男女二人の若者の奇妙な旅立ちである。

鹿川へ向かう

サバニは、はじめ仲間川河口をパナリ島の方へ進み、それから島を取り巻くリーフの外へ出て、南風見田《はいみだ》海岸の方へ進路を変えた。海はいたって穏やかで、ゆるやかなうねりがリーフの端を越えてイノー（礁湖）の中に達してから、遥か岸の砂浜や岩礁に打ち上げるのが眺められる。

ゲントクさんは舳先に立って前方を見据え、時々、「ナイヌの浜まで誰かが歩いているな～」とか「ウフバマの岩が落ちたな～」とつぶさに状況を読み取っている。

これから行こうとしている鹿川という場所は、西表島の中では現在の集落から最も離れた、かつての村跡である。東部の豊原からも十五キロ程離れていて、途中、険しい海岸線が続き道も無いので、明治四十四年、住民は周辺の集落へ分散してしまったのである。すでに人の手から離れて久しい廃村跡は、もうすっかり森に覆われているという。

私たちはこれまで島中の幾つもの集落を回って来たが、唯一まだ足を運んだことのない土地に向かっているのだ。

船が進むにつれ、島の景観は厳しさを増して断崖が海に迫る。崩れ落ちた巨岩は波打ち際で白い波頭を立て、人の上陸を拒んでいるようにも思える。確かに、海が荒れればどこにも避難する場所のない地形だ。島は強い日差しの中で、人の気配などひとかけらも見せずに赤い岩肌と亜熱帯の常緑の森だけが静まり返っている。

断崖は、やがて鹿川湾の片側の岸へと続き、船は湾の入り口を横切るようにして対岸へと向かった。湾の中央には波の立つ部分が一カ所あり、ナカビシ（中干瀬）のあることが分かる。舳先に立ったゲントクさんが後ろで舵を取るカンエイさんに手で進路を指示して迂回した。

イノシシ狩り

対岸の白い砂浜が少しずつ近付いて来ると、これまで深い紺色をたたえていた海底に礁の影が見えはじめ、リーフの縁に着いたことが分かる。サバニは走行を抑えてゆっくりとイノー（礁湖）の中に入る。テーブルサンゴやミドリイシの色彩が、浅くなった海から沸き上がって来る。

サバニがエンジンを切って惰性でゆっくり進み始めると、逆に船上は係留の為の準備で一時慌ただしくなった。これまで舳先にいたゲントクさんも立ち退いて、艫《とも》の方へまわった。すると、それまで丸くなって寝ていたジョンが起き出して来て、すぐさま舳先を占領した。

カンエイさんが後ろのアンカーを打つと、キヨシさんがスクリューの下の船体に敷く枕木を抱えて海に飛び込んだ。干潮になって浅海になった時、スクリューやシャフトを痛めないようにするためだ。

ジョンは、そんな人々の作業を「我関せず」とばかり占領した舳先に立って、しきりに岸の方をうかがっている。船から浜までの距離は百メートルはゆうにある。やがて、全神経を鼻に集中するように顎を上げて空を嗅ぎ始めた。隣に寄って来たポリもジョンの緊張を感じとったのか匂いを嗅いでいる。次の瞬間、ジョンが舳先から海中に飛び込み、ポリも後を追った。二匹の犬は海を泳いで砂浜に上がると、一度、体を身震いして水けを払い飛ばしてから、一目散に森の中へ駆け込んで行った。

その様子を横目で見ていたゲントクさんが、もう一つのアンカーのロープを輪に束ねながらつぶやいた。

「今夜はイノシシでキャンプだなー」

海の船上から見上げる山の斜面は、二匹の犬を飲み込んだまま静まり返っている。しばらくしてから左手の谷の方で犬の鳴き声がして、上流へと溯って行くのが聞き取れた。作業の手を休めてみんなの視線が山の斜面へと向けられた。

犬の鳴き声は稜線あたりで薄れ、やがて、また沈黙が続いた。ゲントクさんは肥料袋の中から山刀を取り出し、紐を結んで腰に下げた。今度は右手の山の稜線から、犬の鳴き声が聞かれ、斜面を下って来るのが分かる。

「元の谷に追い詰めるぞ」と言い残すと、ゲントクさんも船から海へ飛び降り腰まで水に浸かりながら浜の方へ向かった。私たちも後を追った。

浜についてから耳を澄ませて近付く犬の鳴き声を待っていると、アダンの茂みの奥でガサガサという物音が聞こえ、また、遠ざかるようにして谷の方へ向かった。犬の鳴き声が後を追っている。「谷で抑えるぞ」と言い捨てると、鞘に収まった山刀をカタカタと音を立てながらゲントクさんが走って行く。犬の鳴き声が一旦止み、唸り声とイノシシの悲鳴が聞こえた。そして、今度は一匹だけの犬の吠え立てる声が谷に響いた。

暗い谷を上って行くと、板根を四方に張ったイヌビワの木の下でイノシシの首に噛み付いたジョンの姿があった。イノシシは執拗に食らい付くジョンに閉口したようにジッと耐えていたが、近づく人の気配に渾身の力を振り絞って再び暴れ始めた。ポリが周囲を走り回りながら吠え立てている。ゲントクさんは口の中でチィチィと舌を鳴らして二匹の犬をけしかけた。勢いをかったジョンは、食らい付いた頭を左右に振って傷口を深める。イノシシがひるむとポリも後ろ脚に食らい付いた。ゲントクさんは再び足の止まったイノシシの背後に回り込んで、もう片方の後脚を掴むとすかさずひねって横倒しにしてから、まだ海水で濡れた地下足袋で首筋を抑えつけた。

役目を終えたジョンは噛み付くのを止めて遠ざかった。ポリはまだ後脚を噛んだままで離さない。「あっちへ行け」とゲントクさんが叱りつけて遠くに行かせる。

これまでの喧噪と緊迫感はすでに収まって森は元の静けさを取り戻した。すでに脚をカズラで縛り上げられたイノシシが時折、ウィ、ウィと悲鳴を上げながら横たわっており、ジョンは、イタジイの根元で毛づくろいをしている。ポリだけがまだ少し興奮冷めやらぬ様子でうろつきまわっている。ポリはジョンの傍らに近寄って行って、これまでの奮闘を称え合うようにジョンの口に付いた血をなめようとするが、ウッと一声唸って嫌がると、その気迫に圧されたポリも気を静めて行く。猟はあっけなく終わった。

イノシシを谷から担ぎ降ろして、浜に流れ出る小川の浅瀬に横たわらせると、サバニからの荷揚げ作業を済ませてキャンプの準備をした。まずは流木を拾い集めて、板で小川に炊事場を造った。それから砂浜に飯台を造って、カマドも用意した。夕方までにはイノシシもナベの中に収ま

ハンタージョン（そっと写真を撮るが気づかれてしまう）

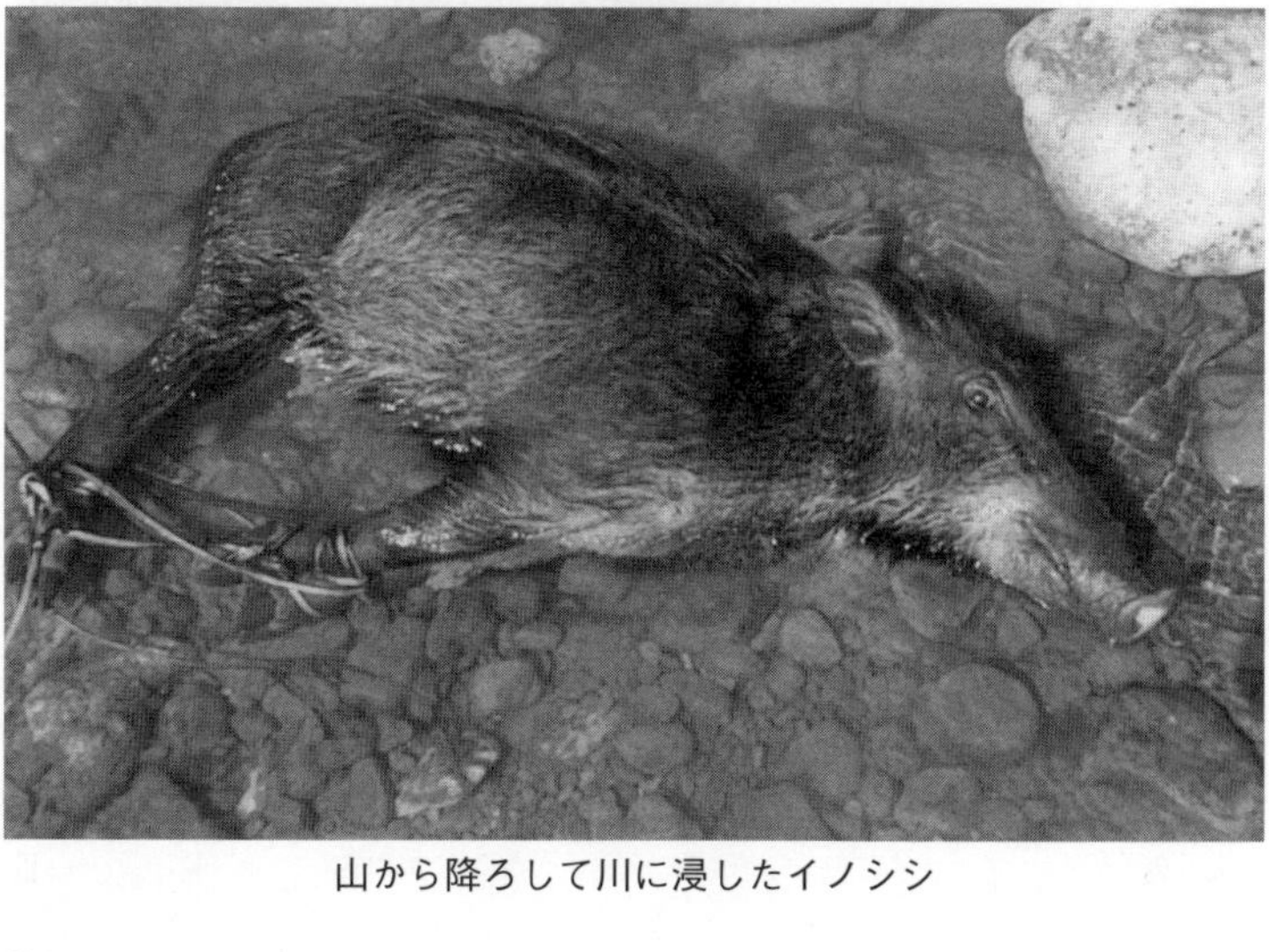

山から降ろして川に浸したイノシシ

り、泡盛のフタを新しく開けて大地の神に一滴捧げてから、各自、浜で拾ってきた漂着物の器に注いで乾杯をした。

　ゲントクさんが海を眺めながら「今日は、国際配電が点くぞ」とつぶやいた。東の水平線から満月が顔を出していた。

キャンプのお客

鹿川でキャンプをはじめてから数日たつというの、にジョンはいっこうに私たちに馴染もうとしない。ミホが食事の残りをやってもすぐには食べず、人の気配がなくなってから時々食べる。一方、ポリは誰がいようとおかまいなしで、食台の前まで来ては餌をねだる。食べかけを投げてやろうものなら、毛の長い尾で砂を撒き散らして喜び、ゲントクさんに叱られる。

　三人の男たちの謎めいた行動も次第に明らかになった。海が満潮で漁の出来ないときはかならず山へ入っていたが、肥料袋を紐で結んでリックにしている中にはいつでもノコギリが入っている。黒木を探しているに違いない。

黒木とはリュウキュウコクタンのことで、沖縄では昔からサンシンの棹として最高級品とされてきた。営林署は国有林からの切り出しを禁止しているが、地元の人にとっては、山にある掛け替えのない宝である。黒い芯の入った黒木を一本切り出せば、人一人の数カ月分の食いぶちになる。盗伐とはいうものの、島の人にとって見れば公然とした山仕事なのである。

男たちが私たちに口を閉ざしていたのは、よそ者に事実を知らせて巻き添いにしたくないからであろう。あくまでもこれは自分たちの仕事で、それ以外の時間一緒にキャンプをしているのだ、というけじめなのである。

その日も山から下りて来て、食料の調達がはじまった。タコを採ったり魚を釣ったりして、夕げの食卓は賑わった。

夜になってみんなでたき火を囲んでいると、それまで砂の上で丸まっていたジョンが首を上げて、浜の暗がりの方を振り向いた。低く唸り声をあげると、警戒するようにアダンの茂みの中に入って行った。ポリはみんなの前で闇に向かって吠え立てた。しばらくして、闇の中からたき火の明かりに照らしだされて、一人の小柄な男が現れた。全身裸で褌《ふんどし》をしめ、肩にはモリを担いでいる。

「ナサマの崖を通ったら明かりが見えるものだから、ゲントクが来ているなと思って寄ったさ

〜」と言うのである。ナサマの崖とは湾を数キロ隔てた対岸の断崖である。

「潮が満ちていたので、途中少し泳いださ〜」と言いながら、たき火の前に腰を降ろした。坊主頭で目のクリクリっとした童顔の男だ。

「ケイユウ。何ね、こんな時間に」ゲントクさんが尋ねると、今日の午後、南風見田を出て歩いて来たのだと言う。どうやら暗闇の中を電灯なしで歩いて来たらしい。

ケイユウさんはタバコに火を点けると、モリに吊り下げてきた肥料袋からシャツとズボンを取り出して着た。それから、素足を浜のサンゴに擦り付けて砂を落としてから、地下足袋を履いた。これまで海岸の岩場を来る途中ずっと裸足で来たというのに、人前で席に着いてから地下足袋を履く人をはじめて見た。

しばらく和気あいあいと泡盛を酌み交わしていたが、酔ったカンエイさんがからみ始めた。それはケイユウさんが民宿の客の青年から小屋造りを頼まれて鹿川に来たのだが、「アルバイトで来た」というところで引っ掛かったらしい。ケイユウさんにしてみれば、ちょっとした手間仕事を頼まれたつもりなのだが、実直で一本気なカンエイさんは「旅の途中の貧しい青年から、そんな事で金をとるな」と言い張るのである。「わしらも手伝って一緒に造るから手間はとるな」と一歩も引かない。ケイユウさんにしてみれば折角ここまで歩いて来ているのだから、一人で作業をして手間賃をもらう方がよいに決まっている。

しばらく言い合った末、カンエイさんがケイユウさんに飛びかかった。二人してしばらく砂の上で揉み合っていたが、やがてゲントクさんにたしなめられてカンエイさんが手を引いた。ケイユウさんは「こんな話の分からん奴とはおれん」と荷物をまとめて立ち去ってしまった。

翌朝、カンエイさんがケイユウさんに謝りに行った。

しばらくして、カンエイさんとケイユウさんが三浦のオジーを伴って帰って来た。三浦のオジーとは数年前からこの鹿川に一人で住みはじめた人で、謎の多い人物である。坊主頭で眼光鋭く、いつもキチッとした姿勢を保っている。腰には銃剣を差し、身のこなしからして軍人の意気を今も留めている。

皆で造った小屋

昨晩、ケイユウさんは三浦のオジーの小屋で泊まったらしい。二人の話し合いで、みんなで小屋を造って、ケイユウさんは自分の働いた分賃金を貰うことになったという。突如降って湧いた小屋造りがその日からはじまることになった。

雨風をしのぐだけの小さな小屋は、集落跡地にかからぬよう下側に造られた。作業中ケイユウさんは終始裸足で、小柄な体でテキパキと動きまわった。マーニ（クロツグ）の葉で仮の屋根が葺き上がる頃、三浦のオジーが様子を見に来た。

「あぁ。ここに造ったのですか」と言ってから、しばらくして森の中に姿を消した。ゲントクさんが「三浦のオジーは野菜が心配なはずよ」といった。これまで集落跡地に残るバナナやパパイヤ、それに若干の葉物野菜を糧の一部として来たのだ。森の中にはところどころ人の手の加わった、ぽっかりと日の当たる部分がある。そこには決まって何らかの栽培作物が見られた。鹿川で人口が二名になれば、半自然物の所有権は今後明確にされなければならないのだ。

食料事情

キャンプ生活も長くなってくると、いろいろと不便な点が浮き彫りになってくる。食料は米や調味料、酒、タバコ、コーヒーなどがまだあって基本的には事欠かないが、新鮮な食べ物の供給が天候によって左右される。野菜は、海岸の岩場に自生するサクナ（ボタンボウフウ）、サルムシル（オオタニワタリの新芽）、アダンの新芽、マーニ（クロツグの生長点）、アザミの根、ハマダイコン、フクナ（ハルノノゲシ）、トゥヌーラ（アキノノゲシ）、ニガナ（ホソバワダン）、ツルナ、ミングル（キクラゲ）などがあって、その時々で採集出来るが、パパイヤやシマバナナの果物を定住者の三浦のオジーが管理しているので採る事が出来ない。

一度、モイダ川の上流でヤマモモの実がたわわになっていて、寝袋のカバー袋に一杯採って来て思う存分食べたが、後がない。自然の恵みは、自然の生き物たちの恵みでもあり、高い所に成る果実は鳥が優先的に食べてしまう。

それに魚もひとたび海が荒れると、なかなか釣れない日がある。釣ったり、捕れたりする日には食べ切れない程あるのに、ない時はない。つまり、保存が出来ないのだ。

大潮から中潮にかけて、夕方上げ潮になる日は魚がよく釣れる。日中潮の引く大潮最盛期には、潮の引いたイノー（礁湖）でタコを突いたり、浅瀬に居残った魚を突く事が出来る。しかし、それらの獲物はその日の夕げや翌朝の食卓に乗せることは出来ても、その先は高温のため長くはもたない。せいぜい燻製や塩漬けをして保存するしかないのだ。

私たちはすでに文明の便利さに浴して暮らして来たので、何時でもどこでも食料が手に入ると思い込んでいる。それはすべて保存と輸送のお陰なのだと言うことを忘れている。鹿川でキャンプしていて、食生活で一番欲しいと思ったものは、冷蔵庫とそれを稼働する電気であった。

「これだけ恵み豊かな鹿川に冷蔵庫があったらな～」とつくづく思った。この村を去って行った人々の気持ちが少し分かったような気がする。ここへ来た当日に捕ったイノシシもすでに無い。

食べ切れたのは半分以下で、後はカラスや陸の小動物、それに海の生き物の餌となった。それはそれで食物循環の意味があるが、しかし、冷えたサシミが食いて〜。山から疲れて降りて来た時、すぐに食べれる新鮮な食料が欲しいと言う欲求は都会者の若造の心の奥にはあるのだ。

ひとたび犬が入るとイノシシもその匂いを知って、すぐには同じ場所を訪れない。しばらくの間、イノシシの気配は周辺になかった。始め食べ放題だった肉も、燻製に変わり、同時に骨を煮だしたスープを瓶に入れて川の流れに沈めておいた物だけになった。

日に日に腐っていく食料を見かねて、この「スープ水流冷蔵法」を考案したのはミホだったが、スープをとった骨を処分したところ、「ヒャー、もったいない。ミホチャン肉捨ててる」といって海に漂っている骨を拾い集めて食卓に乗せたのはカンエイさんだった。

「この骨に付いた肉が一番美味しいんだよね」

ひとつ摘まんでみたら、海水の塩けがちょうどよい塩梅だった。流水で保存した瓶詰スープは、後々、素麺を料理するのに重宝がられた。

大物釣り

食料調達とは別に大きな獲物を仕留めたいという本能は誰にでもある。私たちもご多分に漏れず、大きな魚を釣ってみたいと言う気持ちはある。そこで、漂着した洗剤の容器に糸を巻いてリール代わりにし、オモリの遠心力で投げ込む釣りの方法だったものを、大物仕掛けに変えてみたことがある。

　大潮後半の干潮の日、イノーでタコを突いて餌を確保した。このタコですら我々の一晩の酒の肴にはなる。しかし、あくまでも大物釣りにこだわって餌とした。ゲントクさんが言うには、タコ餌が小魚に先に食べられることがないので、大物仕掛けにはモッテコイなのだそうである。

　仕掛けはつぎの通りだ。糸（カジキ釣り用引き綱とワイヤー）、釣り針（とにかくドデカイ物）、オモリなし、石少々、漂着竹竿、空き缶数個、ロープ、以上である。

　まず、引き縄にヨリモドシを結び、その先にワイヤーで結んだドデカイ釣り針をセットする。餌のタコの頭（体といった方がいい）をまるごと付ける。それを持って上げ潮時の夕方前、沖のリーフへ行く。時としてイノーを泳がなければならないこともある。リーフに潮が膝辺りまで上がっている頃、石を集めて、その下にタコの餌を隠して置く。さらにサッカーボール大の石を引き縄の上に乗せ、そこから引き縄をイノー越しに浜まで延ばす。（鹿川の場合、百メートル少々程だった）浜には竹竿を立てておき、先端に紐で吊るした空き缶を数個下げておく。引き縄を竿の上部に結んだ後、さらに海岸の木に結わえておく。この時、引き縄が足りなければロープを使う。後は、夕方になって潮の満ちるのを待ってから、引き縄を少し引いてタコ餌を隠した石から出す。サッカーボール大の石が重りになって、タコ餌は波に漂う、という具合。

たき火をたいて、泡盛を飲んでいると竹竿の空き缶がガラガラと鳴ってみんなで縄を引き寄せる、はずであった。はずであったが、その日は夕方から天候が崩れて風が強く吹き始めた。竿の先の空き缶は終始ガラガラと音をたて、縄は風のあおりをくってヒューヒューと鳴った。

夜になってもいっこうにおさまらず、ついにはあきらめて寝た。

翌朝、カンエイさんが仕掛けを回収しようと引き縄の絡みを直しながら泳いで行くと、遥か沖合で両手を挙げて何か叫びはじめた。どうやら引き縄を引けと合図しているらしい。ミホが引き縄を手繰り寄せると、カンエイさんが一緒に泳いで来る。まるでカンエイさんを引き上げている程の重みで、（なーんだ、泳ぐのが面倒で引けといっているんだ）とアホらしく見ているとカンエイさんは銀色のボードのような物を押しながら泳いでいる。浜に引き上げると、何と、一・三メートル程のガーラ（ヒラアジ）だった。

重くて持ち上がらないガーラ

砂浜フォーラム

その日の朝は、ガーラのナカミ（内臓）を鍋一杯炊いて、背中の一部を刺し身にして朝食にした。刺し身は食べ切れない程あったが、ガーラは三枚におろしたわけでわなく、姿のままちょっと切って食べたという程度で、後は川の流れに付けておいた。結局、五人と二匹で一枚分も食べることが出来ず、姿のまま浜に埋めた。翌日からそこにはヤドカリが集まり、しばらくの間、釣りの餌に事欠くことはなかった。

夕方、たき火を囲みながら「鹿川の食物資源有効利用と経済について」という砂浜フォーラムが開かれた。

「冷蔵庫があればなー。電気があればなー。金儲けできるのになー」

普段無口なキヨシさんが真剣に口火をきった。

「あと、運ぶ足の早い船がなければ、売りに行けないからなー」

「それに氷を積まなきゃなー」ゲントクさんが付け加えた。

「西表島には製氷工場がないし、結局、石垣まで持って行くことが出来ない。せいぜい、西表で食べるだけだよなー」

「鹿川からも運べないのだからな～」

話は段々尻つぼみになって、まあ、あることがそれだけで豊かなんだよ、と安っぽい結論で終止符を打つことになる。ゲントクさんの体験談が続く。

「以前、大富にパイン工場があった頃、青年たちと南風見田の海岸に巻き網に来たとき、ツノマンやらボーダやらアーガイの魚の群れが入ってさー。あんまり大量だったものだから一人の青年を先に帰らせて、水牛車をもってこさせて、積んで帰ったさー。夕方、大富に着くまでに、ガタガタ、ボロボロ魚は落ちるわ、太陽の日差しで魚は焼かれるわ、みんなの分の手間もなかったさー」

振り返ったのは今から三十年も前の話である。当時石垣島の海人たちも、もっぱら木造のサバニを乗っていた時代で、間もなく、プラッスチック製サバニにガソリンエンジンを搭載して足が早くなったが、すぐまた、イケスや冷蔵槽の大きい現在の漁船に切り替えて、西表島まで日帰りで漁をするようになった。

石垣島には空港もあり、漁協には製氷施設もあるので、投資して新しい漁場に進出する事が出来た。一時期、西表島のイノーのいたる所に石垣の海人の定置網が設置されて、問題になったことがある。ひとたび天候が崩れれば数日の間、魚の回収も出来ないので、網の中で魚が死ぬ。それでなくとも西表の住民にとっては、自分たちの島の魚を捕って行かれるという意識があるものだから、どうせ死なせるならという理由をこじつけて夜にこっそり魚を捕りに行く。それだけならまだしも、定置網が切り裂かれるという出来事も頻繁に起こった。

刺し網にしても同じことが言え、夕方になると石垣の海人の船が来て西表島をすっぽり囲むかのように網を入れる。地元の人の桁数とは比べ物にならないくらい専門の海人は漁具にも投資したのだ。船や漁具に投資した分、沢山水揚げしなければならないから、当然、捕れるところから大量に捕る。「あることがそれだけで豊かだ」なんて言っている間に、今では鹿川も以前のように魚はいないと聞く。

かくして、冷蔵庫も発電機も足の速い船も縁のない島人と大和の若造の砂浜フォーラムは、酔いの深まりと共に焦点がぼやけ、おやすみなさいと言うことになった。

再びイノシシ狩り

その日は、朝からすばらしい晴天だった。海も穏やかでいつになく澄み渡っている。湾を隔てたナサマの崖もクッキリと見渡せて、空気までもが透明度を増していた。この輝ける朝にゲントクさんだけが「天気が良すぎる」と不満をもらしていた。

「今日は山には行かんで、久しぶりにイノシシでも捕るか」誰も反対する者はなかった。全員で鹿川湾の奥まりにあるウラブァンからユサザ方面へ向うことにして、途中、唯一の住人三浦のオジーの小屋に表敬訪問することにした。以前までガマに住んでいたオジーは、毎日、浜の見回りをして拾い集めた流木で小屋を建てたと言う。川岸の森の中の小屋は六坪程の広さで、周囲には菜園まで作られている。

三浦のオジーは福岡の人と聞くが、それ以外の過去の事は話したがらない。以前、ゲントクさんと砂浜で話しているところを写真で撮ったら、「私は写真を撮られるのが嫌いだから、そのフィルムをよこしなさい」と言われた。私も黙って撮ったのは悪いと思ったが、すでにそれ以外に収めた写真があるので、フィルムを抜くわけにはいかないと口論になり、ゲントクさんが仲裁にはいって、結局、現像した段階で廃棄するということで治まった。その後の付き合いから人柄が理解出来るが、別に過去に悪事を働いて逃げ隠れしている人ではない事は確かで、それなりの思うことがあって今の暮らしをしているのだろう。酒もタバコもやらない人でコーヒーが好物であった。

浜に打ち上げられるジュセイラという美しい貝を拾い集め「鹿川貝」と名付けて、時々訪れる探検部やワンゲルの学生たちに売っている。また、夏になれば、買いだしに西部の集落へ出る時、途中、網取の田んぼの周辺に生えるシークァーサーを収穫して持って行き売ったりして買い物の足しにしたりする。それで生活を支えているというわけではないが、経済観念もキチッと持った人だ。

訪ねた時は、朝の浜の見回りで大きなイカを拾ったが少し匂いがするので釣りの餌に使っている、と言って川に浸した物を見せてくれた。見つけた時にはすでに足は無かったというものの体だけで一・五メートル程あった。雑談をしているうちに、その場を離れていた犬たちの鳴き声が山から聞こえて来た。どうやら、イノシシを追っているらしい。

オジーに別れを告げて、ゲントクさんと後を追った。犬の鳴き声はウラブァンカーラを溯って行ったが、しばらくして湾の右側へ追い込んで来るのが分かった。山へは入らず、浜に出て様子をみることにした。

やがて犬の鳴き声が近付き、浜へ小さな滝となって流れ落ちる川の上でイノシシの足を止めた唸り声が聞かれた。刺のあるアダンの葉の茂みをかき分け行ってみると、すでにジョンが岩の下でイノシシを抑え込んでいた。ポリは相変わらず周辺で吠え立て、様子をうかがっている。ポリに励みを与えて、噛ましたところでイノシシを取り押さえた。

脚をくくってから、凹凸の激しい岩とアダンの茂みの中を引きずるようにしてイノシシを浜まで出した。浜に流れ落ちる小さな滝は、これまでの格闘を物語るように、しばらくの間濁りを見せていた。流れが澄むまで開けた浜の景色を眺めながら気持ちの高ぶりを静めてタバコに火を点けた。

天気がよすぎた

事の起こりを遠巻きにしていた他のみんなも集まって来た頃、ウラブァンを歩いて来る人影が見えた。男二人と女一人の旅行者だった。これまでの行程ですっかり疲れ果てた姿で私たちの前を通り過ぎようとするので、ゲントクさんが声を掛けた。

「休んでいったらいいさー。」

学生風の三人は、私たちの少し離れた場所で岩に腰を降ろしてから、澄み始めた流れでタオルを濡らしたりして休憩をとった後、また、歩きはじめようとしていた。ゲントクさんがその様子を見て、

「今日はここでキャンプをして、明日、出掛けたら」と言った。学生風の男の一人が「今日中に南風見田へ着きたいので」といって去っていった。ゲントクさんはなおも声を掛けて「イノシシも捕れているしさー。今日はここでキャンプして行ったらいいさー」と言った。三名は疲れきった影を引き吊りながらもナサマの崖の方へ向かって行く。

「今日は、南風見田に着けないはずよ」と言って残念そうにゲントクさんは後ろ姿を見つめていた。

私たちがイノシシを担いで自分らのキャンプ地に着いた頃、三人はまだナサマの崖の下で点となって岩場に見え隠れしていた。ゲントクさんはいまだに、イノシシを食べてから行ったらいいのにな、と言っていた。イノシシがさばかれて鍋に収まった頃、急に雲行きがおかしくなった。季節はずれの東風が吹き、海も荒れはじめた。ゲントクさんが、天気が良すぎたさーと言いなが

ら、みんなに命令を下した。

「カンエイ、サバニにアンカーを打て」

「タカシ、石垣を積め！」

「キヨシ、流木を集めろ！」

「ミホ、荷物をかたずけろ！」

テントとたき火の風上を浜に転がっていたサンゴ石で囲み、直径一メートルはある流木のラワン材をたき火の上に転がして来て、あれやこれや、風雨の強まるなか右往左往して来るべく事態に備えた。風は確実に強まり、海は荒れ狂った。カンエイさんはパンツひとつでたき火の前で体を暖めては、時々、サバニの垢を汲みに波立つ海へ泳いで行った。

巨大なラワン材も下の方からジワジワと燃えはじめ、雨にも負けず、夜の闇の中で赤い熱を保っていた。風はいっこうに治まらず、まるで、不意に訪れた季節はずれの台風のように吹きまくっている。

私たち二人は自分たちのテントに、三人の男たちはビニールシートを浜にひろげて回りに石を置いた下に潜り込んだ。ポリは、とうに飯台の下の砂を掘り隠れている。ジョンは森の中にいるようだ。

安物のテントは一晩中風にあおられ、ビリビリと震える度に、水滴が飛び散る。やがて、寝袋にも水が染み込み、体温がそれを暖めるまで冷たく感じた。

「カンエイさんは、時々、シートから抜け出して、夜の海にサバニの垢を汲みに行っているのだろうか。青年たちは今頃、何処で風雨をしのいでいるのだろうか」など考えていたが、水を染み込んで重い寝袋が暖まりはじめると眠りに落ちた。

翌朝、目が覚めると眩しい光がテントを通して差し込んでいた。入り口のチャックを開けて外を見ると、すでに三人の男たちはシートに付いた砂を払って乾かす作業をしている。飯台の上の食器にはすべて雨水が溜まり、箸が散乱して昨夜の慌ただしさをそのまま留めていた。たき火の上に置いたラワン材は、下側をえぐるように燃え、まだ、煙を立ちのぼらせている。波の治まった海ではサバニがたゆたっており、穏やかな朝だ。

ジョンもポリも浜で作業する男たちの周囲を歩き回って、昨夜のひと時をジッとやり過ごした解放感がうかがえる。私たちはテントから抜け出て体を伸ばしてから朝ごはんの支度にかかった。

後日、人から聞いた話だが三人の青年たちは、あの日、南風見田まで行くことが出来ず、途中、嵐の夜をウフバマの手前の岩場で過ごしたと言う。翌日、疲労した男女二人をその場に残して、一人の青年が南風見田にたどり着き、救助を求めた。大原、豊原の消防団が船で連れ帰ったとのことであった。

落水崎の幻の大魚

私たちがキャンプしている浜は、リーフの外海までの距離が遠くて、沖の大物の魚は以前ガーラ（ヒラアジ）を釣った時のような一発仕掛けでしか釣れない。それでイノーがなく岸にリーフの迫った場所へ行って釣りをしようと思い立った。

大潮が過ぎて中潮に入ったばかりのある日、私とミホとゲントクさんの三人で、上げ潮に向かった夕方から落水崎へ出かけた。崎の外れに岩があり、そこからは数十メートル先まで裾礁になっていて、すぐにドン深になる。潮が満ちれば沖の魚がリーフに上がって、岩の近くまで来るはずだ。

まだ、日の落ちぬうちに岩の上に上がって夜を待った。岩の上から、すでに膝程の深さまで潮の満ちたリーフを見ていると、沖の深みから次々と上がって来る魚が手に取るように分かる。ボーダ（ブダイの仲間）の群れが尾や背ひれを水面に出して泳いでいる。まるで、田植えの済んだばかりの稲のように何本ものひれが移動して来る。

すると、突如水中で青く腹の光るガーラが水面に出た背鰭で水を切りながら猛スピードで突進してきては、その群れに突っ込む。一瞬、水しぶきが辺りに飛び散り、激しい波が立って群れが四散する。

再び、海は波の打ち寄せる単調な繰り返しに戻り、そして、しばらくするとアオブダイの青い魚体やシチューの黒い影が水中に見えるようになる。白い波頭の移動する合間に魚影がひっきりなしに入れ替わる。

西の山陰に日が隠れ、残照が空を染め始めたころ「そろそろ、仕掛けを入れてみるか」とゲントクさんが言った。洗剤の容器に巻いた二十号の糸には、五十号のオモリとヨリモドシ、それに一メートル程のワイヤーの先には、人差し指を曲げた程のネムリ針が結んである。餌を着けてから、糸を二メートル程の所で掴んで、頭の上で回転させてオモリの遠心力で飛ばす。その時、左手に持った洗剤の容器の反対側を海の方へ向けると糸は螺旋を描いて繰り出される。オモリがドボンと低い音を立てて海中に沈むと余分に出た糸を再び容器に巻き戻してアタリを待つ。右手の人差し指と親指で持った糸からは、波の引きが周期的に感じられ、アタリも直接手に伝わる。

しばらくして、ミホが立ち上がって糸を巻き始めた。アタリに合わせた動作がないし、餌変えにはまだ早いような気がして見ていると、スムーズに巻かれた糸の先には仕掛けがない。

「地球を釣っちゃったのミホチャン」ゲントクさんが声をかけた。

「まったく引っ張らないのに糸が弛んで来たので、巻いたら仕掛けが無いの……」とミホは言うのだ。

傍らに置いた道具箱をゴソゴソとかき回して、新しい仕掛けを作っている。そしてまもなく、ビュン、ビュンとオモリが空を切る音がしたかと思うとドボンという水音がして座り込んだ。

今度はゲントクさんが立ち上がって糸を巻いている。立っている岩の外れから上がって来た糸の先には、先ほどと同じように仕掛けがない。

「………?　?」

ゲントクさんが傍らで道具箱を前にして屈みこんでいると、また、ミホが立ち上がって糸を巻き始めた。

「おかしいなー。前とまったく同じだー」

「しばらく仕掛けを入れるの止めよう」顔を上げたゲントクさんがつぶやいた。私は仕掛けを巻き戻し、薄暗くなった海面を見つめた。仕掛けを作り替えたゲントクさんも岩の上に立って海を見つめている。

「アッ！　あれは何だ」黒い大きな影が岩の下の暗い水中を横切って行ったようにも見えた。が、その後、すぐに波が岩にぶちあたり、波頭が砕け散って辺りを白い泡立ちで覆ったため、一瞬の出来事は何事もなかったかのようにも思えた。

「何か今見えなかった」ゲントクさんに聞くと、しばらく黙っていたが「大きいのが来ているはずよ」とポツリと言った。

アタリ続く

しばらくして釣りを再開すると、糸を投げ込んですぐにアタリがあり、合わせる暇もないうちに糸が指の間をスベリ出し、摩擦で熱くなった。左手でハチマキにしていたタオルをとって糸に乗せると、両手で止めてから、糸を手繰り寄せた。時々、激しい引き返しが何度も起こり、そのたびにジッと堪えて、闇の中の何者かと対峙した。何かが抵抗を緩めると一気に糸を巻いて引き寄せる。岩の下まで来た時、重さはさらにまして糸が人差し指の関節に食い込んだ。しばらく耐えてから糸を掌に巻き付けては引っ張り上げて、それを繰り返した。岩の上にあがって来たのは、一・五メートル程のサメだった。

「タコグヤーだ」とゲントクさんは言った。タコが大好物なサメなのだそうだ。続いて、ミホにもアタリがあったらしく立ち上がって必死に堪えている気配が闇の中でする。やがて影は海とは反対向きに前かがみになり、肩で糸を引いている。

「ナーンダ、今度はほんとに地球釣ったんだ」ゲントクさんの言葉も耳に入らないらしく黙ったまま同じ姿勢でいる。しばらくして、向きを替えてから糸を手繰り寄せる影が動きだした。そのうち岩の向こうから黒い固まりが引き上げられて岩の上で暴れた。懐中電灯の明かりを照らしてみると八十センチ程のウムナガー（顔の長いという意味）キツネフエフキだった。

闇の向こうで洗剤の容器が岩の上を転がる音がして、立ち上がるゲントクさんの影が見えた。やはり無言のまま何かに耐えている。しばらく影は硬直していたが、ビュンと鋭く空を切る音がすると後ずさりする気配がして「アギジャビヨー。切りやがった」と言う呟きが聞かれた。

続いて、私の糸もタオルを巻いた掌から一気に滑りだしていった。格闘の末、上がって来たのは水色の魚で、以前、網取でも釣ったことのあるアカナー（バラフエダイ）であった。この魚は死んだ後に赤くなるので、アカという名前が付いていて、シガテラ中毒にもっとも注意が必要な魚である。

立て続けのヒットのあとは、嘘のように静まり返ってアタリがなくなった。ゲントクさんは道具箱をガサガサ漁っているが、仕掛けの材料が見つからないようだ。

アタリが止まると、これまで気づかなかった岩に砕ける波の衝撃が足下から伝わって来る。時々、手前の闇に波頭が白く上がってくるのが見える。だいぶ潮が満ちて来たようだ。アタリを待つ糸の感触からも波の高まりが伝わって来る。と、その時、ドッドーンというひときわ大きな波のぶち当たる音がしたかと思うと、まもなくしてバサッとバケツで水を被せられた勢いで海水が落ちて来た。アッと言う間に全身ズブ濡れである。ゲントクさんが道具箱を持って避難しはじめた。

私も糸を巻いて場所を移動した。岩の反対側に回り込むと、ゲントクさんが流木を集めてたき火をはじめている。岩の頂きには時々白い波頭が立ち上がり、ここまでも衝撃が届いて来る。火が起こった頃、ミホも肩をすぼませながら戻って来て「波が強くなりすぎてダメだ」とグチッた。

ミホの釣ったガーラ

と、その時、ボンと大きな音がしてたき火の炎が飛び散り、何やら空から落ちて来るものがあった。たき火の熱で岩が爆発したのだ。

「仕掛けもみんな取られたしなー」いつになくゲントクさんの弱音が聞かれる。そういえば、ゲントクさんは今日、まだ一匹も上げていないのだ。

「オモリと大きな針がもうないさー」道具箱をかき回していたのはそのせいらしい。

夜空を見上げると東に下弦の月が上がっている。すでに満潮になっているはずだ。すると、また、ボンという大きな音がして岩が砕け飛んだ。

仕掛けがない

ゲントクさんは海岸の岩場を月の明かりだけを頼りに先になってキャンプの浜へ向けて歩いて行く。私は釣った三匹の魚に紐を通して肩から担いでいるが、サメの尻尾が地面を引きずり歩きずらい。時々ミホが懐中電灯で照らしてくれる足場を頼りにどうにか後を追って行った。

浜のキャンプ地の方からたき火の炎が小さく見えはじめると、ポリの喜びの鳴き声が聞こえて来た。ゲントクさんはもう先に着いているのだ。

「今日は、ゲントクさん一人釣れなかったので機嫌悪いみたいね」とミホが言った。

数日たってからキャンプしている浜で食料調達のために釣りをすることになった。すでに残り少なくなった釣り用具でめいめい自分の仕掛けを作った。餌のヤドカリを採っていた私は、一番最後に仕掛けを作るはめになった。道具箱の中を探してもオモリが無いのでボルトナットを糸に結んでオモリにし、針を探すとカツオの疑似餌引き縄用の二股針しか無かった。しかたがないのでそれに餌を着けてほうり込んだ。

まもなくして、カンエイさんとゲントクさんがフエダイを釣り上げ、キヨシさんもカマスを釣った。最後にミホが五十センチ程のカワハギを釣り上げた。私は何度もアタリがあるものの、人差し指と中指の二本を曲げたぐらいの針では浜の魚は釣れそうにない。結局、その日、私一人が釣れずじまいに終わった。

その後、何年たっても酒の席でその日の事が話題になった。

「鹿川のキャンプでは、みんな次々に入れ食いで、ミホチャンは五十センチのカワハギも釣ったのにタカシ一人は全然釣れなかった」と面白おかしく語るのである。

その度に私は、落水崎の大魚を思い出して「あの魚が、皆の仕掛けを飲み込まなかったら、あんなはめにはならなかったのになー。あのとき仕掛けを取られなかったのは私一人だったのに、最後に残った二股針では浜の魚は釣れっこないよなー」と内心言い訳するのであった。それにしても、針と一メートルのワイヤーと五十号のオモリを三組も飲み込んだあげく、二十号の道糸を何の抵抗もなくかみ切った魚は、一体どんな魚なのだろうか。鹿川のキャンプで釣りをした話が出る度に私の脳裏を黒い影となって過る巨大な魚がいるのである。

ケイユウオジー

当時、豊原に住んでいたケイユウさんは生き物の剥製造りを仕事にしたいと考えていたらしい。西表島ではヤシガニやガサミ、それにウミガメ、ゴシキエビなど材料には事欠かない。しかし、製造する技術や販売ルートがなく、これまで材料として石垣島や沖縄に送られていた。

私たちが西表島を離れる日、桟橋に見送りに来てくれたケイユウさんからひとつの紙袋が手渡された。大原丸が港を出てから長い船旅の途中、袋を開けて見ると、何と、セマルハコガメの剥製が入っていた。首を少し上げ気味にした顔には、これまた何と、黄色いビーズが義眼の代わりに取り付けられていた。

私たちが石垣島で暮らすようになってからは、西表島へ出かける機会も多くなった。しかし、ゲントクさんとの付き合いが多く、ケイユウさんとは中々会う機会がない。それでも知人を通して随時消息は掴めた。豊原を離れ、SBの農場管理舎にいるとか、白浜に住まいが変わったとか、網取に小屋を造って住んでいるとかであった。

当時、日本最果ての西表島も法的な規制が浸透されはじめ、自動車免許や船舶免許、それに狩猟免許といった資格義務が徹底されるようになった。自動車免許などでは、これまで無免許で乗っていた者に免許を取得させるために特別な講習を設け、受かるまで指導したと聞く。ある人の話では、ある離島で免許取得講習会が催された際、受講生が自動車に乗って来たとか、講習終了のブガリナオシ（お疲れ直しの宴会）後、巡査が歩いて帰ったのに受講生の中には車で帰った人がいるとかエピソートが絶えない。

そんな節目の時代であったので、当然、狩猟に関しても免許資格が徹底しはじめた。ある時、沖縄で鳥獣保護員連絡協議会が行われた際、同席した西表島担当のヒゲさん（村田行氏）が私に悩みを打ち明けた。「西表島では昔からイノシシ猟をしていた人が、なかなか免許が取れないんですよ。手続きなども苦手だし、内地の鳥獣なんかまったく知らないし、ケイユウさんなんか生活がかかっているから是非取らせたいのだけど……」

しばらくしてから私が一人で西表島を旅行している時のことである。崎山のヌバンのハマからパイミサキを回ってウビラ石辺りにさしかかったころ、日が暮れ始めたのでキャンプ場所を探した。海岸の岩に窪みがあり雨露をしのぐに格好の地形であったので、その日はそこで一泊することにした。リックを降ろして、岩場の間を流れる川の水で汗を流した。カマドの位置を決めるた

ケイユウオジー（撮影「ヤッコ」のケンボウ）

め場所を探していると、数日前、誰かが炊事をしたであろう痕跡があり、その近くのアダンの根元には、ナベとバールが隠されている。さらに、潮間帯の岩の隙間には網袋に収められたシャコガイが数個沈められていた。何となくケイユウさんの気配がした。

翌日、そこを発ってウチミサキの手前のリーフの切れる岩場に差しかかり、岩越えをしようと取り付いた時、下を歩いて行く二人の男が目にとまった。一人はカニを手にして戯れている。「オォーイ」と声を掛けると、見上げた顔は、やはりケイユウさんであった。

「ケイユウオジー、何しに来たー」とカマをかけて聞くと「なーに、キャンプさー」と言う返事が返って来た。岩場の上から見下ろしている私には、ケイユウオジーの背負っている肥料袋からノコギリの柄がはみ出しているのが見える。

数年後、西表島の崎山へ行った帰り、白浜で屋良商店のベンチに腰掛けている老人に出会った。ケイユウオジーだった。ベンチには泡盛の入ったコップが置かれていて、それを持つ手が小刻みに震えていた。「今、何処に住んでいるの」と聞くと「網取」と答え「いつでもイノシシが待ってるからなー。人の世話になるよりあそこが一番いいさー」と云った。別れ際「遊びに来たら寄ったらいいさー」と誘ってくれた。

それから数年後、人の話でケイユウオジーが網取の小屋で一人亡くなったことを知った。

第二章

シマの暮らし

台風のちゴキブリ

私が石垣島へ移り住んだのは一九七七年のことであった。その二年前、旅行で西表島へ訪れた際、島の人達と鹿川の浜でキャンプをしていて、泡盛の酔いもあってか「いつか島で暮らしたい」と気軽に言ったのがきっかけであった。のちに電話があり「いつ来るか」との催促に腹をくくり、それまで勤めていた仕事をやめて、後先のことも考えず天性の呑気さに身をゆだね来てしまったのである。

西表島ではなく石垣島に居を構えたのは、当時、西表島は離島の離島と言われる程交通の便が悪く、西表島の中ですら東部から西部へ行くには、一旦石垣島へ出てから船を乗り換えて行く状態であったからだ。石垣島から西表島に行くには大原丸や鹿島丸に乗って半日はかかった。しかし、石垣島に住んでいれば、西表のどちら側へも行きやすかったし、他の離島への便もよかった。

石垣島へ着いてからふっとしたきっかけで、はじめて訪れる土地ではあったが住まいを紹介され、北部の吉原という集落に一軒家を借りる事が出来た。百三十坪の敷地に四十坪程のコンクリート瓦葺きの家が建っており、かつて葉タバコの乾燥場として使われていた小屋もあった。とは言っても、長らく人の暮らさなかった敷地は雑草に覆われ、家もだいぶ痛んでいる。まず除草と家の修理が当面の仕事であった。

西表島より何かと便がいいとは言うものの、石垣島とて市街地以外は交通事情は似たようなものであった。道路もまだ整備途中で県道の一周道路ですら舗装化がほとんどされていない時代である。自動車の数も今とは比べ物にならないほど少なく、集落には二台の2トントラックがあったが、製糖シーズンに収穫されたサトウキビを工場に運搬する用で、畑への足は各家馬車が使われていた。石垣市街へ家の修理材料などを買いに行くには、一時間程乗合バスに乗って行き、帰りは有料軽貨物車に荷物と共に乗って来るのが一般的な方法であった。

四月に石垣島に来てから、一カ月程かけて家の修理と庭の除草が済み、ニワトリ小屋と菜園も出来た。そして、暑さや強い日差しにも少し慣れ、集落の人々とも馴染めるようになった。見よう見まねで蒔いた野菜の種子も、本葉が出初め収穫をひかえて間引き作業がはじまった。近所の家から分けてもらったニワトリとアヒルは新しい小屋で餌をついばんでいる。

七月下旬、いつもと変わらない一日が始まった。灌水しながら野菜の成長を確かめ、卵を産みはじめたニワトリとアヒルに餌をやる。そして、日々の日課とも言うべく除草がはじまる。この三カ月あまりの間に亜熱帯の気候の恵みを享受するばかりでなく、驚異的な庭の雑草の成長とも直面した。ここにはここの自然のリズムがあることを知った。

石垣島の農村の生活リズムは、午前中と午後後半に緩やかに動く。朝方のまだ涼しい時間帯と午後になって太陽の傾いた頃仕事をし、日差しの強い日中はゆっくりと休むからだ。その日も午後三時過ぎから静まり返った集落のリズムが復活をはじめた。それは、家にいても遠くキビ畑の中から葉ガラを掻く音が聞こえ出すことや、農作業の最中かけられる携帯ラジオが聞こえて来ることで分かる。この数日は、高校野球地域予選の実況中継が放送されていた。風はやや強いものの、いつものように長閑な午後であった。

夕方になると風がさらに強まり、日没後の夕焼けが一面のキビ畑を真っ赤に染めた。いつもと違う島を覆ったこの赤い幕は、これから訪れる夜を告げる予兆だった事を後で知った。

島で受信出来る唯一のテレビチャンネルＮＨＫの天気予報では、数日前から、南大東島のはるか沖合で発生した熱帯低気圧が発達しながら西進して台風になり、迷走したあげく宮古島南方に停滞している事を告げていた。そして、その台風はさらに勢力を強めながら今度は北東に進路を変えていると言う。すっかり夕闇の深まった集落のあちこちからクギを打つ音が聞こえ出した。各家で台風対策がはじまったのだろう。私も早速作業にとりかかった。雨戸を閉めて釘付けし、家の周囲から風で飛ばされそうな物を片付け、非常時に備える物をひと所に用意した。間もなくして激しい雨が雨戸を打ち、台風の接近を予期させた。

夜になってテレビの番組に時々暴風警報を告げる字幕が表示される様になると、間もなくして電気が消えた。それまで明るい室内では実感されなかった吹き荒れる外の様子が、薄暗いロウソクの明かりの中では、手に取るように感じられる。風と雨がひと塊になってこの家を襲って来る。まるで津波がブチ当たるような衝撃が壁を揺るがし、重い振動とヒステリックな風の唸りが通り過ぎて行く。そして、時には弱く、時には強く、限りなく繰り返される。

夜半になって、雨が家の中に細かな水滴となって吹き込むようになった。懐中電灯の明かりで点検すると、風向き側の窓から飛び散っていることが分かる。雨戸が閉められた窓にも雨は侵入し、強風が吹きつける度に二枚のガラス戸の間やガラスと桟のすき間から霧状になって噴出しているのだ。家の中の気圧が下るのが、耳の奥でツーンとすることで実感される。

私は雨水で濡れないように布団をビニール袋に入れ、本棚をシートで包んだ。家具らしい家具はなかったが、石垣島では入手出来ないだろうと東京からコンテナで運んだ本だけはかなりな量あった。そして、ステレオとレコードを包んだ。

やがて、雨は天井のすき間からも落ちるようになった。畳はいたる所で水浸しとなり、家の中央部のわずかな部分だけが辛うじて免れている。唯一のその場所ではミホが布団も敷かず横になっている。外では暴力的な風雨が荒れ狂い、家の中にまで及ぼうとしているさなか、よく寝ていられるものだと感心するが、かといって何のなす術も無い今の状況下ではそれもひとつの策なのだろうか。

私は時折家中をまわり雨戸や台所のトタン屋根の点検を定期的にしてまわった。もし、ひとたび雨戸一枚、トタン一枚でも飛ばされようものなら家中の窓、扉がすべて吹き飛び、やがて屋根までもがめくれ上がることを話に聞いているからだ。

明け方近くなって疲労と眠気が襲って来た。少し休もうと柱に濡れた体をもたせかけ身を屈めた。しばらくして、ふっと気づくと風上側の窓が開いており、夜の闇が家の中の闇より少し明るく見えた。と、その瞬間、横殴りの雨がドッと押し入り、なだれ込む風が狭い窓枠で唸りをあげた。同時に風下のガラス戸と雨戸が幾枚も飛び散り、家の中は不思議な明るさに満たされた。再び強い風が吹き込むと部屋中に置いてあった物がすべて宙に舞い、ある物はそのまま一気に外に飛び出し、あるものは幾度か部屋の中を回ってから飛び出して行った。うずくまった私は何のなす術もなくその光景を眺めていた。

やがて、本棚を覆ったシートがビシビシと小刻みに震えたかと思うと棚はゆっくりと倒れ、畳の上に多くの本が散乱した。次々と吹く風で本の表紙がめくれ、あるものは本ごと飛び去り、あるものは引きちぎられたページがアッと言う間に姿を消した。ミホは相変わらず部屋の隅の一角で横になっていた。

家中全ての物が風に運び去られ、屋根が吹き飛んで部屋がさらに明るくなった時、ふっと眠りから覚めた。私は相変わらず、暗い元の部屋で柱に体をもたせかけ屈んでいた。

やがて夜が明け、昼前になって風も少しは治まってきた。風下の雨戸を少し開けて外の様子を見ると、辺りの光景が一変していた。家周辺のキビ畑はすべてなぎ倒され、辺りが以前より広々として見える。木々の葉はすべて風によってむしり取られ、枯れ木のように見える。山々の常緑の森も風上は褐色に変わり、まだらになってしまった。まるで生き物の息吹が感じられない死の世界だ。そして時折強風が吹き抜けて行く。

「ニワトリとアヒルはどうしているのだろうか」外を垣間見てはじめて心に浮かんだ心配である。別の雨戸を少し開けて見たところ、鳥小屋は潰れて中には何もいない。再び風下の雨戸を少し開けて見ると前には気づかなかったが、庭の芝生にへばり着くようにして風に耐えているニワトリとアヒルの姿が見えた。強風が吹く度に首を前に突き出し、姿勢を低くして耐えていたのだ。

台風が去ってしばらくの間、後片付けの日々が続いた。ぬれた畳や家具、衣類、家中全ての物を運び出し天日干しした。停電の復旧も十日あまりかかり、冷蔵庫やテレビは機能しなくなった。夜になると各家々にはローソクの明かりが灯り、静まり返った集落は何か不思議な儀式の日々を迎えているように感じられる。やがて集落にある二つの売店とも商品がなくなり、その間、食料にも支障をきたした。無論、我が家の菜園は収穫前にして壊滅状態である。

後日、新聞報道によると今度の台風五号は、瞬間最大風速七十・二メートルを記録し石垣島気象台創設以来の規模であったと言う。それにしても伝えられる惨状には目を見張るものがあった。駐車中の自動車は転がって「くの字型」になって電柱に押し付けられ、倉庫の屋根が吹き飛ばされて電線に掛かり、何本ものコンクリート電柱が折れていた。それほどの台風襲来にもかかわらず死者二名、行方不明四名という数字は強く印象に残った。死者の二名はたまたまこの時期、近海で操業中西表島に避難して座礁した宮崎県船籍の乗組員であった。

亜熱帯の島の回復力にも目を見張るものがあった。なぎ倒されたキビ畑は再び頭頂部が立ち上がり、側芽も伸び始めた。石垣島から見渡せる竹富島は、当初褐色の島に変わり果てていたが、三カ月もすると元の緑の島に復活していた。家から眺められる山々の森もまだらが解消され、深い影を抱くようになった。

秋になったある日、台風の時、真っ先にシートを掛けて守った本の痛みが激しいのに気付いた。一冊抜き出してみると表紙のクロスが何物かによってかじられている。ネズミの仕業だろうか。数冊抜き出して点検すると高価な本に限って痛みがひどく、所によっては褐色のアズキよりやや大きめな固まりがこびり着いていた。ゴキブリの卵だ。本の表紙をかじったのはゴキブリで、どうやらクロスを張ったノリを好物とするらしい。

この島に来てから私はしばらくの間本を読まなくなり、海や山や多くの生き物から学ぶことを心掛けた。

イラブチャーと乗合バス

石垣島で暮らすようになってまもなくの頃、まだ自動車を持たなかったので街へ買い出しに行くのは、もっぱら乗合バスを利用していた。上り線が日に五～六本通っており、所要時間は五十分ぐらいである。下り線も同様の便数であったから、街へ出るには短くて半日、少し用事を足せば一日がかりであった。

当時、石垣島では自動車がまだそれほど普及していなかったので、乗合バスの乗客も多く、日頃顔を会わすことの少ない他集落の人々が乗り込むので、ちょっとした情報交換や社交の場でもあった。街と周辺地域とを結び、地域の生活を反映した、いわゆる田舎のバスである。

ある日、街から買い物を済ませ、帰宅する途中の出来事であった。集落の手前にさしかかると「ピンポーン」と下車を告げるチャイムが鳴って、一人の農家のオバサンが昇降口へ向かった。沢山の買い出し荷物で一度では持ち切れず、まだバスの停車しないうちから通路を行ったり来たりして降りる準備をしている。

バスが停留場へ止まると、真っ先に降りたオバサンは、昇降口のステップで何度も荷物を降ろしていた。そのうち「ヒャー」という息を飲み込む声がしたかと思うと、通路に残された荷物はそのままで、オバサンの姿が見えなくなった。前の座席の人がのぞき込んだり、運転手がそちらを見ているので、昇降口の辺りにいることは確かだ。しかし、他の荷物はいっこうに取りにくる気配がない。後から降りる人がその荷物を持って降りたが、バスは停車したままだ。

運転手は呆れ顔で、ハンドルにもたれかかって反対側を見ている。何が起こっているのか、座席を立ち上がって背伸びして見ると、昇降口ではオバサンが身を屈めて何かをかき集めている。米だ。荷物を降ろしている途中、米の袋が落ちて破れ散ってしまったのだろう。

沖縄では一九七二年の復帰後、それまでの通貨のドルが日本円に変わっただけではなく、復帰特別処置法によって消費者米価が本土に比べ安かった。当初、五年間の予定が婦人や消費者団体の働きかけによって、八年間に延長されて、一九八七年から本土並の価格になった。

生産者米価より消費者米価の方がずっと安かったので、当然、米作農家も行事に使う米以外は出荷して、日常食べる米は市販の物を買う事が多かった。農家の人にしてみればいずれにせよ米は大事な作物のひとつである。少しも粗末にしたくないという気持ちがあるのだろう。

待っても、待ってもバスは発車しなかった。

十五分間ぐらいは停車していただろうか、さすがに運転手もシビレを切らしたとみえ「オバサン、残りは来年収穫にいらっしゃいね」と言ってドアを閉めた。その間、車内では誰ひとり苦情を言う人はいなかった。

別のある日、今度は上り線のバスでの出来事である。

いつものように崎枝のバス停からウミンチューのオバーが魚をいれたタライを頭に乗せてバスに乗り込んで来た。

沖縄では男が漁をして、女がそれを売りさばく習わしがある。石垣島の場合、街の登野城、新川などのウミンチューでは、妻が公設市場やサシミ屋などで商いをしていることが多い。この崎枝のオバーは、朝捕れた魚を乗合バスで街まで持って行き、バスターミナルの一角で商いをしているのであった。これといった店舗も屋台もなく床にタライを二つ並べて、棒秤で魚の目方を計っては売るのである。氷も冷蔵施設もないので日中の暑さで魚も弱る。タライの前にはいつも香が焚かれていた。

魚の入った二枚重ねのタライはかなりの重量があるので、オバーは大概一番前の席に座り、その傍らの通路にタライが置かれた。

そんな朝のバスの便に、途中のバス停から観光客の女性が三名乗り込んで来た。通路を座席の方へ進みかけた時、思わず立ち止まって「ヒャアアッ……」と固唾を飲んだ。

私は中程の座席から、そのあり様を見ていて、女性はタライに入ったイラブチャーなど色とりどりの亜熱帯の魚に思わず歓声を上げたのかとはじめは思った。しかし、その女性はいつまでたってもその場を動こうとしないので、後に続く乗客も前に進むことが出来ないでいる。しばらくたたずんでいた女性観光客は、意を決したかのようにスカートの裾を片手で抑えながら、恐る恐るタライの隅をまたいでから進んで行った。

その様子を見ていた若い運転手は

沖縄の近海魚イラブチャー

「オバー、通路に魚の入ったタライを置くときは、今度から目ん玉を閉じてからにしましょうね」と言っていた。

女性観光客はタライの中に横たわる魚たちが一斉に自分を見上げているとでも思ったのだろうか、大事な食べ物をまたぐことをはばかったのであろうか。いずれにしろ、この若い運転手の一言は、年上のオバーの失礼をユーモアを交えてヤンワリとたしなめた言葉に違いない。

時代も変わり、もうバスで魚を運んで商う人もいなくなったが、この頃の乗合バスには、生活感や人々の豊かなコミニケーションが溢れていた。

ウムザ猟

私は石垣島に来てからしばらくの間、ウムザ（イノシシ）猟をして暮らしていた。

狩猟期前になると罠作りの準備にとりかかり、ワイヤーを風雨に晒して油の匂いを消したり、竹と板で装置を作った。狩猟期になってからそれらを獣道に仕掛け、時を待ってから見回りに出かけるのだ。

罠には二通りあって、島に古くから伝わる方法は次の通りである。

まず、山中で又のある木を探してレの字形に二本切る。それを反対向きにして獣道の地面に打ち込み、折れ曲がった部分に棒を二本横渡しにする。その前に小さな落とし穴を掘っておき、離れた場所にバネ木を立てる。バネ木の先にはワイヤーで作った輪と中央を針金で結んだ爪木を取り付ける。バネ木を曲げて先端を二本のレ形の杭の間にもっていき、横渡しされた二本の小枝の間に爪を挟む。バネ木は弾力を蓄えたまま固定され、ワイヤーの輪は落とし穴の口に沿って置かれる。穴の口に小枝を数本横渡しして、片端を爪の挟まった棒の間に差し込む。この穴の上の小

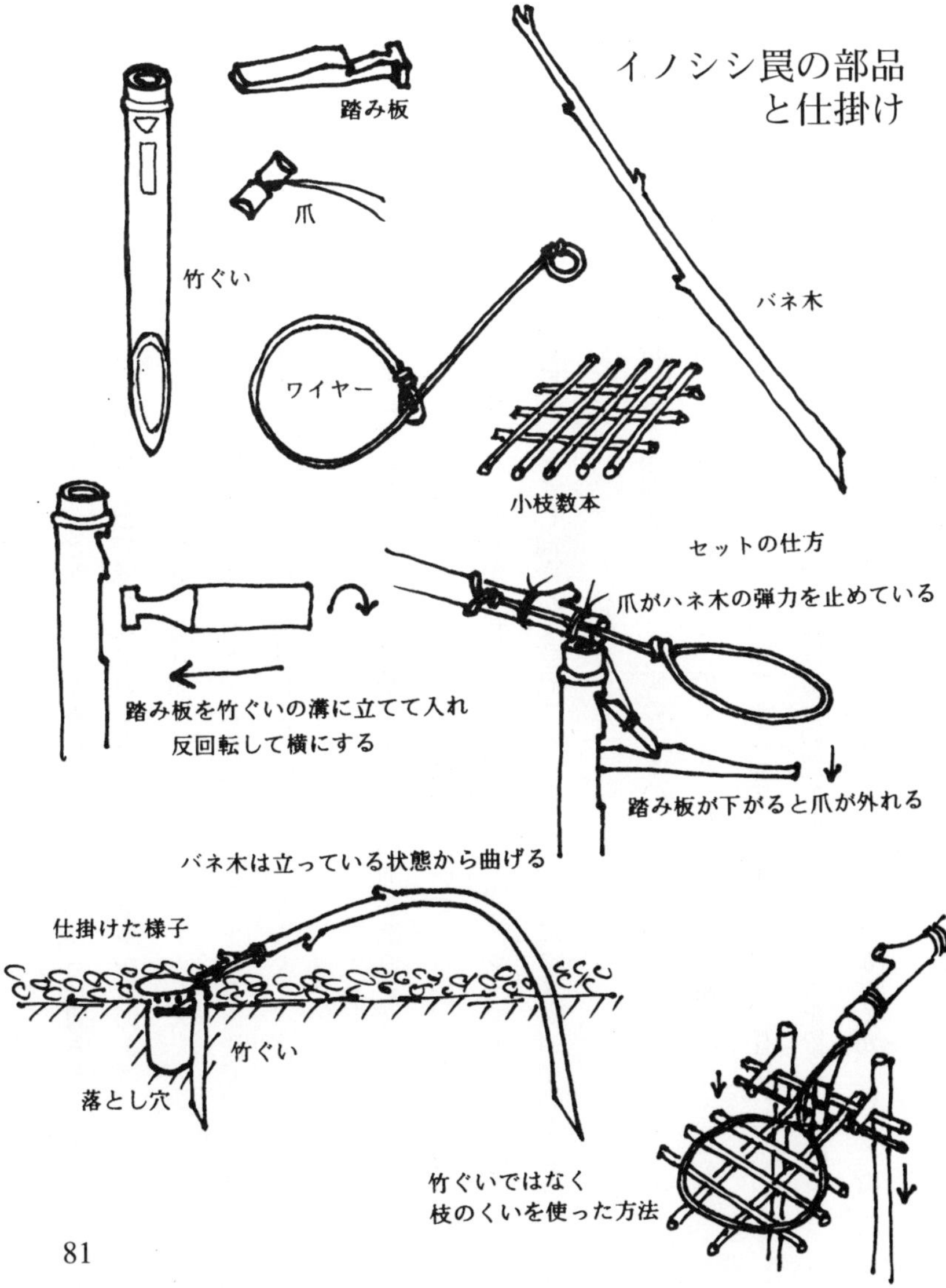
イノシシ罠の部品
と仕掛け
踏み板
爪
竹ぐい
バネ木
ワイヤー
小枝数本
セットの仕方
爪がハネ木の弾力を止めている
踏み板を竹ぐいの溝に立てて入れ
反回転して横にする
踏み板が下がると爪が外れる
バネ木は立っている状態から曲げる
仕掛けた様子
竹ぐい
落とし穴
竹ぐいではなく
枝のくいを使った方法

枝を圧すと片端が二本の棒の一本を下に落とし、爪木が外れてバネ木が弾ける仕組みだ。落とし穴の口の小枝とワイヤーの輪は落ち葉などで隠されているので、獲物が気づかず脚を落とし穴に踏み込むとバネ木が弾じいてワイヤーの輪が締まる仕組みである。

もう一つは、台湾から伝えられた物で、一本の竹と一枚の踏み木で爪を止める方法で、それ以外の仕組みは同様である。現場に行ってから周辺の材料で仕掛ける古い方法より、前もって装置の一部を作っておける台湾式が今では普及している。

罠の掛け方はいずれも基本的には一緒で、まず、頻繁にイノシシの通る獣道を探す。足跡などからどちらの方向へ移動しているか、どれぐらいの大きさの獲物が歩いているか、また、周辺の地況からどんなことでその道が使われているかも判断する。例えば、近くにシイの実の落ちた場所があれば、イノシシはこの時期、そこに向かって移動するだろうし、水場やヌタバや畑なども考慮に入れなくてはならない。

次は獣道のどの位置に仕掛けるかが問題になる。前脚の二本のどちらかが、直系二十センチあまりの隠された落とし穴に踏み込まなくてはならないので、どうしてもそこを通らなくてはならない場所が決め手となるが、しかし、実際には山の中でそんな場所は少ないので、仕掛ける人の勘が頼りとなる。また、前脚を踏み込ませるために獣道上の罠の前に「とめ木」を置く。歩いて来たイノシシが横渡しになった木を越えようとして歩幅を整えた瞬間罠を踏ませるか、越えた瞬間踏ませるか、これも仕掛ける人のやり方になる。前にしろ後にしろ、この「とめ木」によって前脚を踏ます確立が高くなる。仮に後脚を括った場合、バネ木が折られたり、取り押さえるのにいたって苦労する事が多い。

罠の設置は（台湾式の場合）、選んだ場所にタケ杭を打ち込み、その前に直系二十センチ、深さ二十五センチ程の落とし穴を掘り、穴を掘った土は遠くに捨てる。穴の縁のタケ杭には縦に溝が切ってあり、その溝に踏み板の留め部分を差し込み、半捻りして抜けないようにする。コケシの首のように緩やかにタケと直角に接続された踏み板は自由に動くが、タケと踏み板の両方に刻まれた浅い凹みにバネ木にとりつけられた爪が斜めに挟み込まれることによって固定される。その前にバネ木となる弾力のある木を二メートル程の長さに切っておき、ワイヤーと爪を取り付けて落とし穴から離れた位置に垂直に立てる。それを曲げて先端をタケ杭の上にもっていく。爪を先程のタケ杭と踏み板に引っかけることによってバネ木は弾力を蓄えたまま固定され、ワイヤーの輪が落とし穴の周囲に位置する。踏み板の上に、穴の口に横差しされた数本の小枝を渡し、落ち葉を乗せてワイヤーの輪と共に見えないように隠せば出来上がりである。

それらを仕掛けてから、作業の時に、周辺についた人の匂いが消えるまで数日待つ。山の広範囲に数十本、時には百数十本も仕掛けるので、日数を要し、途中から見回りもしなければならない。罠にかかったまま、長い間放置しておくとワイヤーで括られた脚先が鬱血して腐り、その部分がちぎれて逃げることがある。また、暴れまわったあげく死んでしまうこともある。

だから罠を掛けはじめるといつも山の中の罠のことが頭の中にあり、雨が降ると匂いが消えて「先日掛けた罠が、そろそろ掛かっているかな」とか、風が吹くと「あの山の罠の近くにはシイの実が落ちたから掛かったはずだろう」とか考える。時にはイノシシが掛かっている夢をみることもある。そんな翌日は、いそいそと山へ出かけるが、実際に掛かっている事が多い。

見回りで山中を歩いていて罠の近くまで来ると、少し離れた位置から木立を透かして罠のある方を確認する。イノシシが掛かっていると、辺りの土が掘り起こされて赤くなっているのが見える。そんな時は遠巻きにしてイノシシの居場所が見える所まで行き、岩の上などで、とりあえず一服する。イノシシはすでに人の気配を察知して、暴れまわるものもあれば、逆に身構えてジッとしているものもいる。暴れまわる奴ほど捕まえやすく、自分で掘った穴の中でジッとしている奴の方が手ごわい。イノシシは突進型の攻撃だから穴の奥を背にして、前方からの相手に備えているのだ。

とにかく、気を静めてイノシシの様子をよく見る。ワイヤーはしっかり脚を括っているだろうか。括られた脚先は腐っていないか。バネ木はしっかりしているか。周辺の地形を判断してどのような方法で取り押さえたらよいかを考える。

大概の場合、地面を見て暴れまわった範囲を確認してから、そのすぐ前まで行きイノシシに対峙して攻撃をしかけさせる。突進してきたイノシシは、前片脚がワイヤーで括られているのでバネ木の弾力で反転する。その時、勢いあまって後脚がこちらへ向くので、瞬間、その片脚を掴んで引き寄せる。横倒しになって、ワイヤーで括られた前脚をバネ木の反動で引っ張られ、後脚を人によって引かれたイノシシの首根っこを足で踏み付け取り押さえる。

この時、一番手ごわい相手は、穴を掘って中でジッとしている奴で、そういうのは大型のオスが多く、体力も温存している。こちらがフェイントをかけても相手にして来ない。中には穴の中から意気なり鼻で石を弾き飛ばしてくるのもいる。穴からおびき出すために木立を切って投げ付けて攻撃を誘う場合もあるが、その時々で作戦を考える。

取り押さえたイノシシは両前脚と両後脚を縛り、その間を肩幅程開けてまた縛る。縛った前後の脚の間を肩に掛け、イノシシの頭を後ろにして担ぐのだが、その前に、口を縛っておく。山から担ぎ降ろしている最中に、時には口の縛りが解けて、いやっていうほどお尻を咬まれることもある。

猟をはじめた頃、イノシシを取り押さえてから縛る段になって、首を踏み付けている自分の足が小刻みに震えているのに気づいたことがある。恐怖心ではなく夢中になって思わず必要以上の力が入っていたのだ。全身の力を抜いてからフッと我に返り、イノシシの目を見ると瞳の中に自分の姿が写っていた。その時、森の中にいる一人の自分を見た。取り押さえられているイノシシに見つめられている本当の自分を知った。

　山から担ぎ降ろしたイノシシは殺さなければならない。より美味しく、より恵みを生かすためには血を流さなくてはならない。

　まず、イノシシの胸の左前側からナイフを差し込み、心臓の動脈を切る。口を縛られたイノシシはムゥ、ムゥと低く唸りをあげてしばらく悶えてから息途絶える。そして人という生き物の獲物として横たわる。

　火を起こし、イノシシの毛を焼く。炎の中で体は膨れ上がり、四脚が棒のように突っ張る。焼けてすべての毛が無くなってから、今度はパンパンに張った皮膚の表面を水で流しながらナイフでしごいて汚れを落とす。

　解体する板の上に仰向けに置き、首を切り落とす。次に肛門の周囲に切れ目を入れてから、腹の中央を少し切り開き、左手の人差し指と中指の二本を差し入れて、その指の間に刃を上向けにしたナイフをあてがい、内臓を傷つけないように腹の肉を切っていく。前方はあばら骨まで、後方は肛門の周囲の切れ込みまで切り開く。それから、腹の中に両手を差し入れ、腹膜を破り、内臓のすべてをそっくり引き出す。この時、差し込んだ手には、熱を蓄えた内臓と腹部に流れ溜まった血とによって生き物であった最後のなごりが伝わる。

　取り出された内臓は各部分に切り分け、消化器官は中の未消化な餌を洗い流すため別な所に移す。肝臓の内面にある胆嚢は苦く食料にならないので、薬として日干しにする。これは方言でウゴールと云って腹痛によく効く。

イノシシ猟をしている家で始めに毛を焼く匂いがすると隣近所の女性が手伝いに来てくれるので、男が肉の解体をしている間に女たちがすばやく内臓の料理する。茹で上がったばかりのまだ熱いレバーに塩を振って食べたり、いろいろな内臓（ナカミ）を一緒にイリチャー（炒め物）にして食べる。胃や腸はよく洗ってから吸い物にしたりもする。

肉は各部分の骨を切り離して、腹の一部は刺し身用にする。肉だけの部分より先に骨付きの肉やナカミ、刺し身を早めに料理して、作業の合間に女達も食べ、一部を分配して家へ持ち帰る。

夕方には、今度、男たちがめいめい泡盛を下げて訪ねて来る。

やがてイノシシも人も生きているこの島に一夜の帳が降りる。

首輪

狩猟期間中のある日曜日、市役所の林務課に務めるゼンシンさんが私の家にやって来た。

「見ろ、この天気、今日は掛かってるはずよ」

街から来るまでの間、車中ですがすがしい朝を満喫しながら期待に胸を弾ませていたように、玄関の前で空を仰いでいる。

昨日の午後から急に降り出した大雨も夜半にはあがり、今朝は絶好の罠見回りの日和になった。雨が降った夜はイノシシがよく活動するので罠に掛かることが多い。それを見込んで張り切ってやって来たのだ。

「今日は大嵩《おおたけ》からブザマにかけての罠がいいな。トー、行くぞー、タカシ」

せかされながら地下足袋を履き、腰に山刀を下げる。出がけにタオルで鉢巻きを締めてから車に乗り込む。

山の急な踏み分け道を登りながら、この辺りに掛けた罠の位置やこれまでの見回りの様子を頭の中で思い起こす。前に一人で見回った時には空弾きした罠が三本あり、その弾け方に不審を抱いた事が今でも心の片隅で燻っている。

獲物の脚を括る原動力となるバネ木は、常に弾力を保っているので、それを維持する爪の掛かりが耐え切れず、自然に弾くこともたまにはある。しかし、あの罠の落とし穴の口に横渡しした小枝は、何かによって確かに踏まれていた。

時には、落ち葉の下に潜む虫を食べる鳥が弾かせたり、また、セマルハコガメが通りかかって弾かせることもある。それらの場合、いずれもワイヤーに括られることはまずない。そして、それらの仕業だと知るのは、見回りの回数を重ねた経験を通しての推測にすぎない。それにしても三本とは……。

「まて〜。タカシ。何でそんなに急ぐかー」

下の方でゼンシンさんの声がする。知らず知らずのうちに歩く足どりが早まっていたのだ。斜面に頭を出した岩に腰を降ろして待っていると、息を切らせて追いついて来たゼンシンさんが「今朝、三時まで飲んでてよー。でも今日は掛かっているはずだから少ししか寝てないけど来たさー。最近、腰が痛くてよー」といつになく弱音をはく。

「前に見回りした時、変な空弾きがあって、気になってるさー」とこれまでの思いを打ち明けると、少し真剣な面持ちになって「足跡があったか」と聞き返す。

「それが、人もイノシシも見当たらなかったけど、何かおかしいんだよね」今度は、ゼンシンさんが先に立って黙ったまま足早に登りはじめた。


尾根に出てから二手に別れて、向かいの谷の両斜面に沿って掛けた罠を見回ることにした。谷はこの高さまで来ると穏やかになり、幾つもの小さな支流に別れている。以前、空弾きがあったのはこの辺りに掛けた罠だった。

四本の罠を見回って、五本目の近くに差しかかった時、理解出来ない光景に一瞬戸惑った。普通、イノシシが罠に掛かると暴れ回ったあげく土を掘り起こすので露出した地肌が、落ち葉の積もった周囲の林床と違って見える。木立を透かして遠くから見ても一目でそれと分かる。しかし、罠のある周辺はあまり変わりなく、ただ、弾かれたバネ木がわずかな湾曲を描いて立っていて、それに何かがワイヤーに括られて吊り下がっているのだ。目をこらしながら近付いて行くと、何と！　それはイノシシの片脚だった。

一体、どうしたことだろう。注意深く辺りを見つめると、地面の上に積もった落ち葉は均一で片寄りは無いが、かき乱された気配がある。滴った血の跡もある。吊り下げられた片脚はとても小いもので、辺りに死体も無い。頭の中で数々の情報が繋がりはじめる。

……はじめに小さなイノシシが罠に掛かって吊り上げられた。………だから、地面はそれ程暴れた痕跡が無く……そこに何かが来てイノシシを食い千切ってさらっていった。……落ち葉の乱れはその時出来た……落ち葉を乱した正体は……正体は……犬だ!、犬に違いない。

子供のイノシシをくわえて行った犬はどちらへ行ったのだろうかと足跡を探す。小さな流れの脇の砂の上にはクッキリと犬の足跡が残っていた。と、その時、谷の反対側の支流の奥から犬の鳴き声が響いた。同時に、ゼンシンさんの声で「タカシ! 犬が掛かっている」という叫び声が聞こえてきた。

声のした方へ行ってみると、罠に掛かって暴れる犬を前にして、ゼンシンさんが煙草に火を着けていた。

「タカシ。犬だ。犬だったんだ」「………」何も言わずに私は頷いた。

罠に掛かった犬は左前脚をワイヤーで引っ張られて地面に降ろす事が出来ず暴れている。ひとたび暴れると余計痛みが増すのか、あがきが激しくなる。

二人してしばらくの間、暴れる犬を眺めていると、やがて危害を加えられないことを知ったのか、悲しい鳴き声を出して片脚を上げたまま動きを止めてうなだれた。上目使いの瞳が心配そうに私たちを伺っている。

「どうしよう」

「ウゥーン、首輪が着いてないからなー、野犬か、故意に離したか……」「ウゥーン」

二人とも咄嗟のことで判断のしようがなかった。

吸いかけの煙草を指で弾き飛ばすとゼンシンさんは言った。

「この犬、使えるかも知れない。とりあえず連れて帰って養おう」

私たちは黙ったまま立ち上がった。その動作に犬は再び警戒してまた吠え立てながら暴れまわった。遠巻きに犬の姿をよく見るとワイヤーに括られた脚はそれほど鬱血しておらず、掛かってから長い日数がたっていないことが分かった。

恐らく前日にこの辺りをうろついていて、罠に掛かったイノシシを襲って食べてから、今度は自分が掛かってしまったのだろう。大雨の中、飼い主の来るのを待って一晩をすごしたが、今、片脚を括られた状態で見知らぬ人間に出会い、救いを求めるより警戒心が先に立って動揺しているに違いない。

私の判断では野犬がこんな山奥まで入ることもないので、人に飼われている犬のように思えた。すると、逃げ出した犬ではなく、首輪を外されて人と共に山に入って来たのだろう。もしそうだとすると、以前、見つけたあの空弾きの罠は人が故意にやったものかもしれない。犬を山へ入れるには罠が危険なことは、少しでも猟の経験のある人なら知っているはずだ。それで、たまたま見つけた三つの罠を弾かせたものの、昨日山へ入った際、他の罠に犬が掛かってしまったのか……

…いや、そういえば、たしか空弾きしたうちの一本の罠の周囲は、わずかではあるが落ち葉の荒れた気配があった。あるいは、あの時、人だけが山に来て、たまたま罠に掛かった別の小さなイノシシを見つけ、出来心で盗んで行ったのかも知れない。そしてカモフラージュをしてから、目に付いた他の罠も弾かせた。一度味をしめてしまったその人は、今度は危険を犯してまでも、犬を使って罠に掛かったイノシシの居場所を探そうと山に入った。しかし、人から離れて自由に行動する犬には追いついていけぬうちに、大雨が降り出した。犬は罠に掛かった小さなイノシシを見つけたものの飼い主がなかなか来ないので襲って食べた。そして、その後自身が罠に掛かってしまった。飼い主は大雨の中、犬を探しきれず一人で山を降りたのではないだろうか。もし、そうであるとすれば、自分のとった行為に後ろめたさのある飼い主はもう二度と犬を探しにこの山へ入ることも無いだろう。……などと想像した。

「タカシ、罠を外すぞ」とゼンシンさんが声をかけて、犬の脚を括っているワイヤーを引き寄せた。犬は痛みと恐怖心から必死で逃れようとしていたが、ゼンシンさんの手が犬の脚に触れた瞬間、反撃に出て噛み付いた。

「このバカタレが……」ゼンシンさんはもう片方の手で咄嗟に犬の首根っこを抑えつけた。

「人が助けてやろうとしているのに……ええ……分からんか」と言いながらグイグイと首を地面

に押し付けた。犬はしばらく抵抗していたが、徐々に観念して静まった。なおもゼンシンさんは噛まれた方の手を犬の鼻面に近付け「これはお前がやったんだろ……お前がやったんだよ……分かったか 、お前がやったんだよ」と叱りつけている。

「タカシ、ワイヤーを外してくれ……おお、痛てえなー」手首からは数条の血が滴っている。ワイヤーを脚とバネ木から外して、それを犬の首に巻いた。犬は抑えつけられたまま不安げに様子を見上げていたが、もう抵抗する気配もなく、ただ、鼻で悲しげな悲鳴をあげている。

ワイヤーの首輪にかずらを結んでからゼンシンさんが抑え付けていた手を離すと、立ち上がった犬は脚を激しく震わせていた。

犬はその後、ゼンシンさんによってエスと名付けられ私の家で飼うことになった。道に面した庭の一角に以前は葉煙草の乾燥場だった小屋があるので、その入り口に繋いだ。エスはいつも小屋の中に引きこもってばかりで、人が訪れても吠えなかった。

ある日、郵便配達のアキラさんが「フカイシさん所で犬飼ってたんだ。吠えないから気づかなかったさー」と言いながら小屋の入り口に立って、物珍しそうに眺めていた。エスは奥の暗がりで丸まったまま上目使いで外の様子を見ている。

「山で罠に掛かっててさ、降ろしてきたんだ」

「うーん、どっかで見たことある犬だなー」しばらく考え込んでいたが思い出せず、首をひねりながら次の配達へと向かって行った。

数日後、配達に寄ったアキラさんが「そういえば、T民宿の犬が最近いないさー、あそこの犬によく似ているなー」と教えてくれた。

ひと月程するとエスは、時々、天気のよい日など小屋の外へ出て寝るようになった。しかし、よその人の気配がすると相変わらず吠えもせず小屋の中へ入ってしまう。時には奥の暗がりで震えていることすらある。

ときどき、ゼンシンさんが自分の飼っている犬のマークを車に乗せて連れて来る。話をしている間など小屋の入り口に一緒に繋ぐがエスは奥に籠もったまま関心を示さない。マークは始め、そんなエスの近くに寄って行って匂いなど嗅いでいたが、すぐに小屋の外へ出て入り口あたりにオシッコをかけたりしてから飼い主の様子を伺っている。

マークはこの家のことも私のことも以前からよく知っているので、私の匂いのする小屋にいる犬に対して敵意を示さないのは分かるが、エスのあまりにも無気力な態度は普通ではない。

「そのうち馴れるさー」と言うのがゼンシンさんの意見であった。

相変わらずエスは吠えたりしないが、小屋の外へ出て来て寝そべることが多くなった。そんなある日、ゼンシンさんがやって来て、

「ヤマバレーの畑がイノシシに荒らされてしかたないからどうにかしてくれって、頼まれたさー。マークを放して追うから、試しにエスも連れて行こう」と言うのである。運動がてら気晴らしさせるのもいいかなと思って一緒に出かけた。

ヤマバレーに着いて車から降りると二匹の犬をめいめい引き連れて昨晩イノシシの出没したという畑へ向かった。畑が近付くとマークがしきりに鼻を地面に近づけ匂いを嗅ぎはじめたので、二匹の犬の鎖を解いた。マークが興奮気味に前方へ走りだしたので、ゼンシンさんが舌をしきりに鳴らしてけしかけた。

エスは、はじめ地面の匂いを嗅いでいたが、急に嗅ぐのを止めてキョトキョトとしながら反対の方向へ歩いて行く。その仕草は、まるで「知らないよ。こんな匂い知らないよ」とでもいう振りをしているかの様である。去ろうとするエスを思わずきつく呼び止めると、振り返りもせずその場に座り込んでしまった。

私はエスを鎖に繋いで車の方へ引き返した。木立に繋ぎ、安心するようにしばらく撫でてやっていたが、畑の方でマークの吠える声が聞こえはじめたので気になって行って見ることにした。エスをその場に残して少し歩き始めると、背後で急に狂乱じみた鳴き声がした。エスが「行かないでくれ」とでも言うように必死で鳴いているのだ。まるで罠に掛かっていた最初の出会いの時のように……。

半年程月日がたって、エスも少しは表情が現れるようになった。人に吠えることはしないが、よく家に出入りしている隣の根間さんが道を通りかかると、低いブロック塀に前脚をかけて眺めるようになった。わずかに尾も振っている。

ゼンシンさんは、あの時の出来事以来すっかりエスのことをあきらめ、家に立ち寄っても小屋の方へ近寄ろうともしない。エスも入り口で寝たままただ視線を向けるだけだ。

ある日のこと、何げなく家の窓から小屋の方を見るとエスの横たわっている姿が目に入った。しかし、どことなくいつものしなやかな姿態と違って見える。少ししてから外に出て近付いて見ると、横になって前方に突っ張った四本の脚だけがまるで走る時のように空を激しく蹴っていた。その動きはすでに意識のないエス自身とはまるで係わりなしに、体だけが何かに操られて悶え苦しんでいるかの様に見えた。

「エス、どうした」と声をかけるがまったく反応がなく、さらに激しく空を蹴り続けている。口元からは泡がしみだし、顎もガクガクと痙攣している。

「毒だ」咄嗟に頭の中で閃いた。急いで菜園の灌水に使っているホースを引っ張って来て、エスの口をこじ開けてから突っ込んだ。口から水が溢れ出るとホースを出して、今度は両手で腹を抱え頭を下にして持ち上げた。口から水と共に胃液が流れるので、それを幾度も繰り返した。

しばらくして、開き切って動かなかった瞳が動きはじめ、脚の動きも治まったので、全身震える体を毛布で包んで、さらにダンボール箱に入れてから小屋の奥に置いた。

道から誰かが毒餌を撒いたのであろうか。人に吠えることもしない繋がれて飼われているエスが何でこんな目に会わなくてはならないのだろう。

その夜は時々、懐中電灯をつけてエスの様子を見に行った。ダンボールの箱の中では毛布に包まった一個の固まりが、黄色い明かりの輪の中で震えながら寝ていた。隣の根間さんの家の犬がよく吠えた。

後で知ったことだが、その日の翌朝、根間さんの家の犬が死んでいたと言う。

根間さんの話では「農家の家では時々飼っているヤギが野犬に襲われるので、犬を憎んでいる人がいるからなー。自分のヤギも前に噛まれたことがあるさー。でも、孫が子犬をもらって来たから養っていたけど、孫が可哀想さー」と嘆いていた。

エスは幸い発見が早く、手立てをしたので二日後には元気を取り戻した。しかし、ブロックに脚をかけて人の通るのを見ることもなくなり、以前のように小屋の中に引きこもりがちになってしまった。

しばらくたったある朝、餌を持って行くと小屋の中にエスの姿が無く、いつも寝ている辺りに鎖に繋がれたままの首輪がポツリと落ちていた。幾度か名前を呼んだが、近くに隠れている気配がない。毎朝散歩に連れて行く道に沿って声をかけながら探したがいっこうに見つからなかった。

翌日になっても小屋の床には首輪があるだけでエスは帰らなかった。

その落ちている首輪を見ながら、もうエスを探しに行くのはやめようと心に決めた。エスは最後の勇気を振り絞って、これまで閉じこもっていたこの小屋を自分から出て行ったのだ。もう人からも解き放たれて、自分の行くべき場所を予知して姿を消したに違いない。ここにしか居場所のない犬が、現実と言う首輪を外して……。

密告者・メジロ騒動記

石垣島で暮らすようになってからしばらくの間、イノシシ猟に熱中した時期があった。狩猟期には、山から下りて家に帰ると誰かしら役所の人が来ていて、その日捕って来た獲物を料理してみんなで酒盛りをする日々が続いた。三カ月の狩猟期間中に三十頭のイノシシを捕ったので、三日に一頭は捕ったことになる。家の冷蔵庫は冬の間、イノシシの肉であふれかえっていた。

本当はそのままイノシシ猟をしていたかったのだが、知り合いの役所の人から「鳥獣保護員制度が石垣島にも適応されるようになったので、是非なってくれないか」と頼み込まれ、仕方なく引き受けてしまった。

その年から狩猟免許も取らなくなり、猟友会もやめた。当時、石垣市には二名の鳥獣保護員が県から割り当てられ、一人は猟友会から、もう一人はそれ以外の人から選び、狩猟者にも自然保護の考えを持つ者にも意見を聞く体勢を配慮するシステムになっていた。しかし、実際には農家の方々の作物被害が多く、害獣をいかに退治するかと言う考えが主流の時代であった。

一時野鳥の会にも籍を置いていたが、地域の人々と接するには、どこにも所属しないことが最良と考え止めた。

ある年の正月、友人の家で飲み会をしていた時のことである。島の集落の正月は隣近所の人々や街へ出て暮らす人などが戻って来て、各家々をまわって新年の挨拶を交わす習わしがある。男たちが何軒もの家を回れば、その都度お酒を飲むことになり酔いも深まる。

会もたけなわの頃、新たに三人の青年が訪ねて来た。私にとっては見知らぬ青年に思われたが、家の主と挨拶を交わした後、私の方を見ながら仲間同志何やらヒソヒソと話をしている。そして、少し泡盛を飲んでから急に声を荒げ、私の方を指差して「お前は密告者だろ」と怒鳴るのである。はじめは意味が分からなかったが「メジロを…」と言う会話の一部が耳に入り、思い出した事があった。

大分前になるが、鳥獣保護の巡視の最中、道路工事現場の傍らの林にメジロの入った「落とし籠」（小鳥を捕まえる罠籠）を見つけたことがあった。作業員に事情を聞いたところ、自分が仕掛けたと言う。捕獲や飼育許可の届け出が必要なことを説明して、籠を降ろさせた。そして、手続きをしないと不法行為になることを注意して、その場を去ったのだった。

青年たちは、この集落出身者ではあるが現在は市内に住んでおり、土木作業の仕事をしているらしい。正月で実家に戻り、隣近所に挨拶回りをしている途中であった。この集落に来て数年しかたたない私にとっては現在住んでいる人は知っているが、彼は日頃顔を会わす機会もなく、かつて、職務上注意をした一人の青年にすぎない。しかし、その青年は泡盛の入ったコップを片手に持ちながらえらい剣幕で私の傍らに来て「お前は野鳥の会の密告者だろ」と執拗に食い下がった。

私は「県の非常勤職員として、鳥獣保護の仕事をしていて、学校の先生が生徒に勉強を教えたり、貴方が工事したり、警察官が取り締まりするのと同じ事をしたまでだ。私には司法権がないから指導するしか出来ない。ただ、業務日誌には出来事は書いたけど、名前も知らない人を何処に密告しようがあるの」と諭した。酔った青年は一向に聞き入れず、くだを巻いていたが、他の仲間に引きずられるようにして家を出ていった。

そのことがあってから数年後ではあるが、集落の人がヒージャー（ヤギ）を屠殺している現場を保健所の人に注意される出来事があった。しばらくの間、密告者の噂が密やかに語られている気配が感じられた。

その頃、私は集落の人達とはかなり親しい付き合いをしていた。しかし、すべての人達と言う訳にはいかず、お隣の人と親しければ、その隣の人と反りの合わない人は、その関係を面白くなく思うことはよくある事である。当然、理解者もいれば、そうでない人もいる。

私は以前、イノシシ猟をしていた当時、捕らえた獲物はすべて自分で屠殺し、解体していたので、集落の祭事や知り合いの家の行事などでヒージャーやブタをつぶす時にはよく駆り出されていた。私もまた集落の一員として、古くからの習わしに参加して来た。私自身、人は通常自分の食べ物を自分で作り、捕らえ、料理することが最低限度出来なくてはいけないと考えている。野菜を食べる人ならば野菜の根を大地から引き抜くことが出来なくてはいけないし、魚や肉を食べる人ならば、その息の根を止めることが出来なくてはいけないと思っている。すべての人がそれぞれ日々の食べ物をそのように出来ないから専門の人がいるのであって、基本的には自分が食べるものは自分が（自身に）哀れみと（相手に）感謝の気持ちを込めて取り入れなければならないのだ。

しかし、私の考えとは裏腹に、一度何かあれば、噂はよそ者に向けられるのだ。密告という言葉には個人の利害ばかりではなく、集団の価値観の違いや不理解、不信感が根強く息づいている。

農家の人々はイネやサトウキビ、パインなどをイノシシに荒らされ、ヒヨドリやカラスによって果菜に被害を受けているのは事実である。それらは狩猟期以外では有害鳥獣駆除と言う名目で対応されるが、鳥獣を保護する事とはとにかく相反する考えのように未だ思われている。地方に行くほど根強い。

沖縄県全体からすれば、近年、「害獣」から生活を脅かされる暮らしは少なくなった。鳥獣保護員の仕事も狩猟対照の鳥獣から、年々それ以外の野鳥や野生動物に関わることが多くなった。島の交通事情の変化に伴いクイナ類をはじめとする野鳥の交通事故が多くなり、保護や死亡報告も増えた。そして、経済事情も変わり、これまで個人の愛玩用として捕獲、飼育されていたメジロが商品として流通するようになった。

そして、取り締まりの対象も仲買人が介在するメジロの密猟に重点が置かれるようになった時期がある。しかし、一方では島の豊かな自然と共に生活して来た多くの人にとっては、メジロを捕って飼うことは自然の生き物と親しむ、極普通な習わしでもあった。休日にお父さんが子供に自分の子供の頃の遊びを教える感覚でメジロ捕りに来ている光景に幾度も出会った。

沖縄県名護のある施設で鳥獣保護員の連絡協議会が行われた時のことである。懇親会の席で自己紹介が行われた際、林業関係者として出席されていた西表島出身の黒島寛松さんが挨拶の中で次のような子供の頃の思い出話をなさっていた。

「私は西表島の干立《ほしだて》部落に産まれ育ち、小学生の頃は隣部落の祖納の学校へ他のみんなと歩いて通いました。当時、鳥の名前などほとんど誰も詳しく知る者はおりませんでしたが、ハトやカモ、バン、サシバ、ワシなどは口伝えの知識として知っていました。

ある日、集団で登校する途中、ガジュマルの木にハトが巣を掛けているのを見つけ、先輩からハトが卵を産んでいたら親バトが居ない間に木に登って、他の卵には触れずに一つだけそっと捕

子育てのメジロ（わが家の庭では毎年巣作りしている）

ることを教わりました。親バトは巣に帰って来て少なくなった卵を見てさらに産むのだそうです。そうすると幾つも捕れると習いました。また、別の先輩からはカモが卵を産んでいる巣を見つけたら昼間は近づかず、場所を覚えておいて夜になったら投網をかぶせれば親カモも卵も一緒に捕れると教わりました。私たちはこうして鳥をどうやって捕るかと言うことから先輩たちに教わりました。しかし、誰から注意を受けた訳でもありませんが、今では鳥を捕ることはありません」という内容だったと記憶する。

自然の中で生活する人々にとって生き物と触れ合うことは、時として残酷な側面もあるが、生を受けた者同士共に生きて行くことをいつしか学んでいく。自らが身をもって知っていくことこそ大切なのだ。

ある日、街に用事があって車で向かっている時、途中見覚えのある赤いオートバイとすれ違った。「そういえば、あのオートバイの持ち主のオジサンは以前二度メジロ捕りで注意したことがある」と、とっさに気が付いた。すれ違った時のオートバイの荷台には鳥籠とカセットデッキを包んだに違いない大きさの荷が乗っていたし、籠を高い枝にかける時使う竿もあった。以前、「すでにメジロを飼育しているのですから、もう二度と捕ることはしないでくださいよ。もし、次にも同じ事を繰り返すようでしたら司法権を行使しなければなりませんよ」と強く言い渡してあった。これで三度目である。

用事を後回しにし、車をUターンして後を付けることにした。オートバイが川平石崎半島の牧場に入ったのを確認してから、踵を返して川平集落の駐在所に向かった。生憎駐在は留守だったが、奥さんが八重山警察署に電話を入れてくれ、本署から無線で巡査の乗るパトカーに連絡をとってくれた。間もなくして巡査の乗ったパトカーが戻って来たので、事情を説明して、今度は執行力のある警察官から注意してくれるよう頼んだ。付け加えて、くれぐれも本件は、罰を与えるためではなく、今後同じ事を繰り返さないようにしてもらうための警告なので、その点穏便に計らうようにお願いしておいた。

パトカーに同乗して牧場に引き返した。小道を巡回していると海岸林の中からオートバイが出て来るのが見える。すると若い巡査はパトカーの警告灯を点け、おまけにサイレンまで鳴らして追跡しはじめた。私はただ警察からも忠告をして欲しかっただけなのに、思わぬ事態に発展してしまったものだと後悔した。マイクの呼びかけに停止したオートバイのオジサンに巡査が職務質問をはじめた。これまで私の注意などに耳も貸さなかったオジサンは、すっかり青ざめた顔で私より歳若い巡査に低姿勢で答えていた。

「この人から二度、忠告を受けたことは覚えているさー。だけど、自分は一人暮らしで、夜、空港の警備の仕事をしているから、朝、アパートに帰った時、待っている人もいないし、その時、部屋で奇麗な声で鳴いているメジロだけが楽しみさー。メジロは可愛くてしかたがないさー。メジロの元気な声を聞いて、籠の掃除をしてから寝るわけヨ。捕って飼ったからと言って別に虐待している訳でもないし、毎日餌を与えて喜ぶ姿が楽しみなだけよ〜。何か悪いかねー」と言うのであった。

「すでに許可を取ってある一羽がいるからそれでいいんじゃない」と言うと「いろいろな鳴き声が聞きたいしね」と答えるのである。「捕っても沢山は飼えないから、別の良い鳴き声のが捕れれば前のは放すさー」とも言う。相手のオジサンは、私や若い巡査より何枚も上手である。

その時忠告して以来、長らく姿を見ることも無いが、あのオジサンは今どの様な生活をしているのだろうか。朝、メジロに「おはよう」と声をかけてから眠る生活が今も続いているのだろうか。

シロハラクイナの謎

人の営みの拡大と共に多くの野生動物が年々生息数を減少させている昨今、逆に数を増やしてきた鳥がいる。人の生活圏に頼もしく生きるカラスが筆頭に上げられるが、人の残飯を餌として漁る訳でもなく、ペットとして持ち込まれた種が逃げ出して、たまたま新しい環境に活路を見出した訳でもなく、また、人の影響で天敵から免れた訳でもない種が、沖縄の島々で数を増やした。それがツル目クイナ科のシロハラクイナだ。

私が石垣島で鳥獣保護員をはじめた一九八〇年代初頭は、まだ、いたって珍しい鳥であったが、それが何故か、年々数を増やし八十年代終わり頃から、道路で交通事故死する最多の鳥となってしまった。この皮肉な結果は何がもたらしたのだろうか。やはり、人の営みとの因果があるのだろうか。

私が初めてシロハラクイナを見たのは、川平ヨーンの県道脇にある小さな休耕水田である。腹が白く背面が黒色のクイナが全体黒色のまだ若鳥数羽を追いかけ回していた。

当時、水田では日中同じクイナ科のバンやオオバンがよく観察され、水稲の苗を害する鳥として狩猟の対象にもなっていた。それに水田周辺の草藪にはリュウキュウヒクイナも多く、それらの鳥はよく見かけたものの、その頃、シロハラクイナは私にとって名前の知らない鳥であったので家に帰ってから図鑑で調べたことを記憶している。夏であったことや状況から判断して、ヒナたちへ縄張りの外へ出るよう促す子離れの行動だったのだろう。それから数年たってからは、シロハラクイナの親鳥が幼いヒナを引き連れて、道路脇の草藪を出入りする姿が毎年見られるようになった。

日々の観察をとおしても確かに数が増えているという印象を受けた。しかし、同じような環境下で、逆に、バンやオオバン、リュウキュウヒクイナといった鳥が少なくなってしまう。この生息数の変化は何を物語っているのだろうか。

水田へ出て採餌活動することの多いバンやオオバンは害獣駆除と農薬散布の関係があり、リュウキュウヒクイナはシロハラクイナと同じ環境に生息するため勢力争いに破れたのではないか、とする考え方もある。

では、シロハラクイナはどうして数を増やしたのだろうか。

石垣島では一九七二年以降、復帰記念事業の一環として島の一周道路の改修と舗装化が進められた。通称「七・三〇」と言われる交通方法変更（これまでの車の右側通行が改められ、左側通行になった）が行われた一九七八年七月三十日までには六四％が舗装され、交通の便が徐々に良くなって行く。それまで市街地に集中していた自動車の通行も、やがて郊外へと広まって行った。自動車の台数も急激に増えた時代である。農村部では、それまで乗合バスや有料軽貨物車（買い出しの際の輸送に使われた）、観光タクシー、それに製糖期にサトウキビ運搬のトラックが通るくらいであったが、道路の改修、舗装工事が行われることによって工事関係車両の通行量も増えた。

ひとたび公共工事が着手されると、大型トラックの通行量も増え、道路の破損も激しくなる。工事が工事を必要とし、また、便利に成ることによって観光や通勤面でもさらに交通量が増えた。自然が豊かに残る地域の道路で交通量が増えたことにより、小動物、特に昆虫類が車に踏まれたり、通過時の風圧に巻き込まれたりしたことが想像される。それだけではなく林や草地の中を通る道路は、障害物のない開けた土地として、落ちた餌の見つけ易い場所ともなった。そして、道路脇に施された側溝も転落や急激な流水によって小動物のトラップ効果を生み出した。道路は格好の餌場になったはずである。

これまでさまざまな道路にまつわる観察からそれらのことが言える。例えば、ハアリの大量に飛ぶ初夏に、リュウキュウコノハズクの交通事故死が多くなる原因も同様のことが考えられる。夕暮れ時、飛び立ったハアリが羽を落として地上に降りると昆虫を餌とする夜行性の小動物が色めき立つ。ヤモリは、飛び立つハアリを見つけるや出口で待ち構えて次から次へ食べるが、出口を占領出来なかった他のヤモリは、羽を落として徘徊するものを食べる。ヤモリは家の中ばかりに生息するわけではなく林や草藪にもいるので、それらは落ちた餌の見つけやすい開けた道路へ出て採餌したりする。

道脇の側溝や草藪にいたカエルも、道路で落ちたハアリをしきりに食べる。昆虫を餌とする小動物が道路に集まると、それを餌とするコノハズク類も当然道路を見張る。ハアリを食べに来たカエルをすかさず近くの電線から見つけ、舞い降りて捕らえる。カエルを捕らえたり食べている最中、自動車が夜道をヘッドライトを照らして通ると、夜行性のコノハズクは強い明かりに視力を失い事故にあうケースが多いのであろう。

「風吹いて桶屋が儲かる」と言う諺は気象と経済の関係であるが「ハアリが飛んでコノハズク交通事故に会う」は、食物連鎖と生態の関係である。

同じような事がカンムリワシにも観察される。かつては水田脇のセンダンやリュウキュウマツの枝に止まっていたものが、近年もっぱら電柱で見受けられるようになった。早朝には、路上や側溝の中から飛び立つ姿もしばしばである。

シロハラクイナにも同じことが言えるのではないだろうか。新しい餌場に順応し、飽食の末、繁栄はしたものの思わぬ危険に直面したのではないだろうか。

一方、リュウキュウヒクイナは、それをしなかった。そして、シロハラクイナ程の縄張り意識もなかったため、数を減らしたのかも知れない。

このシロハラクイナが道路で良く見かけられるようになった八十年代後半、この鳥の道路横断マナーはまったくなっていなかった。ドライバー泣かせである。前方の路上を横断するこの鳥に急停車した車に後続車が追突しそうになったり、この鳥を避けて反対車線に入った車が対向車に気づき急ブレーキを踏んだり、避けたつもりが何故か逆戻りして来て轢いてしまったりする出来事がよくあった。この鳥の優柔不断さ、無頓着さ、からくる？　不意な行動に泣かされたドライバーは多いはずである。勿論、被害者はシロハラクイナであるが。

しかし、最近は、当時より事故件数が減ったように思われる。自動車を避ける術を習得したせいなのだろうか、それとも以前より個体数が減ったせいなのだろうか。この辺りも謎のひとつである。

さらなる謎は、この鳥、普段、飛ぶのが非常に下手なことにある。道路で自動車に出くわしてもほとんどの場合飛ばずに歩いて渡りきろうか、戻ろうか、戸惑う。これが事故の第一要因であるが、それでもまったく飛べない訳ではなく、意を決して飛ぶ事もある。その場合でも、何処までも飛んで逃げる姿は見たことが無く、すぐに近くの薮に突っ込むようにして姿を消す。どう見ても飛ぶのが上手な鳥とは思えない。しかし、それなのに本来熱帯アジアに分布の本拠を置くこの鳥が南西諸島を北上し、九州、本州の静岡辺りまで迷行しており、本土の一部でも繁殖の記録があると言う。一体どのようにして海を渡り島々に広まったのだろうか。沖縄本島だけに生息する近縁のヤンバルクイナのように分化した種ではなく、それ程古い起源の種とも思えない。

石垣島での野鳥観察では大先輩にあたる現日本野鳥の会八重山支部長の崎山陽一郎氏にお話しを伺ったところ「私の印象では七十年代後半頃から増え出したと思う。確かに、以前は少ない鳥であった。海を渡る方法の例になるかどうかは別として、私の体験では二度台湾から八重山に向かう船で見たことがある。途中から乗り移ったのか、向こうの港ですでに乗船していたのかは分からないが、甲板で見かけたことがある」とおっしゃっていた。もし仮にこの鳥が本当に飛ぶのが下手であっても（いや、「能ある鷹は爪を隠す」のたとえで飛ぶのが上手なのかも知れないが）海を渡る手段として人の交通手段を利用するケースは動物界ではよくある話である。

例えば、昆虫類の蝶の仲間に、セセリチョウ科のバナナセセリと言う種がいる。この蝶は、一九七一年に初めて沖縄本島で記録され、約三年で本島全体に広まった帰化蝶である。ほぼ同時期サイパン、グァム、ハワイにも侵入したことが記録されている。それまで分布していない種が、これらの地域に突然侵入した原因として、ベトナム戦争前後に頻繁に行われた各基地への物資の輸送が考えられている。つまり、日中、戦地から送り返される物資に付いて、あるいは、夕暮れ（バナナセセリはもっぱら夕暮れに活動する習性がある）の作業の最中、機内に紛れ込んだのであろう。寿命の短い昆虫にとって飛行機は分布を広げる格好な乗り物なのである。

崎山氏は話の中で、船に乗ったシロハラクイナはどうやって餌を食べていたのだろう、ということを不思議に思われていたが、もしかすると、甲板でこの鳥が目撃されたということは、この船が港で荷積みの最中、明かりに集まった昆虫がそのまま船に乗って移動していたものを餌としていたことも考えられる。集光性の昆虫類は夜間活動するが日中は甲板や荷の片隅でジッと静止しているはずである。少なくはあるがそういった餌を漁っていたのかも知れない。

これらはあくまでも想像にすぎない。もしかして、海に浮くことの出来るシロハラクイナは不器用な羽ばたきで少し飛んでは、海面で休み、少し飛んでは距離を稼いだのかも知れない。……でも、そうしたら、「海の上で何を食べていたのか」と指摘されると、その時は、私にも答えようがない。あるいは隠された飛翔力を備えているのだろうか。（密かにそのことを期待しているのだが）

多くの謎を秘めるこの鳥もやはり別な意味で人の営みと強く係わらざるをえなく生きていることは確かなようだ。

我が家の生き物たち

私の家は川平湾に面した高台にある。

波静かな湾の浜から、緩やかな斜面を登りつめると琉球石灰岩からなる海岸段丘がやがて十数メートルの崖となって終わる。崖の下にはスタフキカーラという川が沿って流れ、川平湾の奥詰まりに流れ出る。しかし、川は途中から伏流水となるため河口は石灰岩の下から湧き水状になって突然現れ、そこからわずかなマングローブ林を片岸に配して干潟で澪《みお》となる。この河口の様を表してスタ（した）フキ（ふける）カーラ（かわ）と呼ばれているのだ。

海岸段丘の崖から先は、いっとき盆地状になってから於茂登《おもと》山系の斜面へと続くので、この盆地状の部分は、かつて琉球石灰岩が形成された当時の海岸線があった地域で、その後、海が退いて（島が隆起して）から陸地化した段階で、山から斜面を流れ下る谷の川によって数十万年かけて侵食された地形なのであろう。於茂登山系の地質は花崗岩で、風化して出来た土壌は砂質なので侵食を受けやすい。

家は、この崖のすぐ際に建てられているので、北側には原野やサトウキビ畑越しに川平湾が望め、南側は崖下の百メートル程の盆地を隔てて山の斜面と向かい合う。崖下には川が流れているので、川から崖上までの斜面は林に覆われている。

日中は、崖下の林から山の斜面にかけて野鳥の声が絶えない。

二月には、カンムリワシの鳴き交わしが聞かれ、その後、庭ではウグイス、シジュウガラ、サンショウクイ、クイナの仲間やキジバト、ズアカアオバト、などの鳴き声も聞かれる。前の原野では、冬にチョウゲンボウやツミが飛び、春になるとセッカが鳴く。

旧暦の三月三日をすぎると、まもなくアカショウビンが戻ってくるし、やがて崖下の林からは「ツキ・ヒ・ホシ・ホイホイホイ」とサンコウチョウの鳴き声も聞こえる。山の斜面からはホトトギスもいっとき聞こえて来るし、もちろんヒヨドリは所かまわず飛び回っている。

森から薮と原野にかけてのさまざまな鳥の鳴き声が聞かれる。

そういえば私の家の自慢は、五種類もの天然記念物が住んでいたり、行き来することである。カンムリワシは時々センダンの枝に止まっているし、キンバトはものすごいスピードで庭を横切って行く。時にはガラス窓に激突して命を落とすこともある。セマルハコガメとキシノウエトカゲ、オカヤドカリは常時暮らしていて時々現れる。う～んどうだー、天然記念物が五種も自分の敷地にいる家なんかそうざらにはないだろう。しかし、二メートル以上のサキシマスジオウもいれば

カンムリワシ。猛禽類のワシがこんな身近な場所に。

ハブもいるので、ようするに山や林と変わらないだけなのである。

ヘビ類もその他にカタツムリを主食とするイワサキセダカヘビなどもいるが、当然、ほとんどのヘビはカエルが大好物で、そのカエルも住んでいる。時々、庭の草藪で、ミューというかチューというか聞き馴れぬ鳴き声がするので、何だろうと覗き込んでみるとカエルがヘビに、今まさに飲み込まれようとしている瞬間だったりする。

そこで、助けてやろうなどとはさらさら思わず、あの大きなカエルがどのようにしてヘビの細い体に飲み込まれていくのか、ジッと見守るのである。よく、クモの巣にかかったチョウを可哀想だからといって助ける人がいるが、私には、そのお節介が理解出来ない。やっとの思いで餌が採れたクモにとってはどんなに口惜しい介入であろうか。チョウも生きていれば、クモも生きているのである。

夏はよく、水を汲み溜めしておいて、日中の日差しでほどよく暖められたところで行水に使ったものだ。ある日、少し飲み過ぎて夜になってからタライに浸かったところ、何か浮いているものがあるので手ですくってみるとカエルだった。夏の旱魃で水が恋しかったのだろうか、その後も度々浸かっていた。主に遠慮して、せめて後湯にして欲しいものだが。

わが家のカエルは、ヤエヤマアオガエル、ヌマガエル、アイフィンガーガエル、それにオオヒキガエルの四種だ。

オオヒキガエルは、もともと石垣島にいた種ではなく、サトウキビの害虫であるアオドウガネなどを食べさせるため大東島から移入させたと聞く。その大東島も他の地域から持って来たらしいが、海洋島の大東島では生物相が薄く、他の生物に与える影響は少ないかも知れないが、石垣島のように大陸島（かつて大陸と繋がっていた島）では、多様な生物が生息するため影響は大きい。現在では、このオオヒキガエルが山奥まで我が物顔で進出している。確かに大食漢であるため昆虫やらほかのカエルやら、時には小さなヘビまで食べてしまう。ここに問題が生じる。

夏の夜など、ライトトラップと言って、白い布の前に電灯を灯して集まる昆虫を採集することがある。適当な時間を見計らってトラップを調べに行くと、白い布の前でオオヒキガエルがまるで映画を鑑賞するかのように一列に並んで座っている。明かりに集まる昆虫を待っているのだ。

最近は、家々の門灯の前などにも専属のオオヒキガエルがいて夜な夜な虫をとっている。やがて、石垣島の門柱にはシーサーならぬ、オオヒキガエルが据えられる日が来るのではないだろうか。

庭には蝶の食草も多くあるので、わが家から飛び立って行く蝶も多い。

二月にリュウキュウエノキが若葉を芽吹くと、それまで長い間姿を見せなかったテングチョウが何処からともなく現れて産卵する。紫色の可愛い花を咲かせるリュウキュウコスミレにはツマグロヒョウモンが、ムシクサにはアオタテハモドキがそれぞれ卵を産んで育つし、ホウライカガミ、ツルモウリンカ、トウワタにはマダラチョウの仲間が発生する。

オオゴマダラは、ときおり、思わぬ場所で黄金色の蛹になって発見者を驚かせる。ギョボクからはツバベニチョウやタイワンシロチョウが育つし、雑草のイネ科植物でもリュウキュウヒメジャノメや数種のセセリチョウ科が発生する。

九月から十月にかけて、クロヨナとタイワンクズの花でルリウラナミシジミが数回世代を交替して、秋の深まりと共に増えていく。その他にも、オオイワガネでヤエヤマムラサキが、ホウライチクからはシロオビヒカゲがときどき発生する。

一時期、小学生だった哲也と庭にいるオオシママドボタルを観察したことがある。その時、庭に生息するホタル類を調べたら他にサキシママドボタル、アカホタルモドキ、キベリクシヒゲボタル、キイロスジボタル、イリオモテボタルの合計、ホタル科五種、イリオモテボタル科一種で六種のホタル類がいた。

我が家の生き物と、日常の生活をとおしてこんな出来事もあった。まだ石垣島に暮らしはじめて間もないころ、もっぱらオートバイに乗って活動していたが、しばらくオートバイに乗らない日があって乗ろうとしたらエンジンがかからなかった。ニッチモサッチもいかず、友人の軽トラックで街の修理屋へ持って行ったら、オジサンが「ニイサンどっから来たねー」と聞くのである。裏石垣の仲筋からと云うと、おもむろにドライバーをバイクのマフラーの排気口に差し込み、グリグリっと回転させると「ハイ、直ったはずよ」というのである。

まさか、と思いつつもエンジンをかけてみると始動する。調子を確かめるため、アクセルをふかすとマフラーの排気口からアオムシが数匹飛び出してきた。ドロバチが幼虫を育てるために運び込んだものだ。

「ハチが巣を作ってたわけさー」と何事もないようにいうのである。

「この時期、裏から持って来るバイクのほとんどはハチにやられてるなー」と付け加えた。オジサンは料金もとらず、他のバイクの修理にとりかかった。

このバイクを動かなくさせたハチの他に何種類のハチがいるのだろう。家の中や周辺に穴があればすぐに土で蓋をしてしまうので、ドロハチだけでも大きな穴から小さな穴まで活用する数種がいるはずだ。

センダンの花が咲くころには、早朝、ウィーン、ウィーンと鋭い羽音が上空から聞こえてくる。その音の正体をつきとめようと仕事場の屋根に登ってみたが、猛烈なスピードで飛び回る姿を確かめることは出来なかった。ときどき遠くでホバーリンクしていたかと思うと、また、飛び去りその行動範囲は想像もつかないほど広く、双眼鏡を持ち出して覗いてみたが、まったく焦点が合わせきれなかった。

しかたなしに捕虫網でやっとのこと捕らえてみたら、アカアシセジロクマバチであった。これから繁殖の時期を迎えるのだろう。

その他ハチ類では、コガタスズメバチが物置小屋に巣を作ったり、キアシナガバチが毎年庭の植え込みの何処かに巣を作る。夜になって焼き打ちするのは、何時も私の役目で年中行事になっている。

庭のセンダンの木はデイゴに次いで花を咲かせ春を告げる樹木だが、一方では夏をも告げる。それも嫌と言うほど告げる木である。梅雨が明けてこれから長い亜熱帯の夏がはじまると思う間もなく、一斉にリュウキュウクマゼミが発生して、センダンに群がって鳴く。

「シャー　シァー　シァー・ワーシ　ワーシ　ワーシ・サン　サン　サン　サン」何と表現したらよいのだろうか、ときには「オキロ　オキロ　オキロ　ハヤクオキロ　オキロ」と鳴いているように聞こえる。

朝の六時半頃から鳴き始めまったく遠慮がない。この合唱を聞くと「アァァ、今日も暑い　熱い一日がはじまるのだなー」と寝床で思う。

リュウキュウクマゼミに少しおくれてヤエヤマクマゼミが出るが、この種は、どちらかというと山よりの方に多く、家の庭ではときどきしか鳴かない。山からは夕方、イシガキヒグラシやタイワンヒグラシの鳴き声も聞こえて来て、クマゼミの仲間が姿を消すと、引き続きイワサキゼミが全盛期に入る。

夜になると家の明かりに飛び込んで来て、バサバサバサと大きな羽音をたてるばかりか、ケケゲーッ　ケケ　ゲーッと騒ぎ立てる。なかには何を思ったのか、壁にとまって本格的に鳴き出すものもいる。部屋の中で鳴かれてはたまったものではない。捕まえて外に放り投げると、またすぐに飛んで来る。セミにとっては短い成虫期を寸暇もおしまず、子孫を繋ぐために生きたいのだろう。この種は十二月下旬まで鳴き続ける個体がいるものの、さすがにその頃聞くセミの鳴き声は物寂しい。

夜、家の中に入ってくる虫で最も閉口するのは、ヒメツチカメムシだ。食事をしているときは要注意で、食べ物はすべて明かりの下から離して置かなくてはならない。それでもよくご飯の上などに落ちて来る。ご飯は白くて、黒いヒメツチカメムシは見つけやすいが、ヒジキの煮付けなどではほぼ分からない。口の中にいれて、臭みがした瞬間、吐き出さなくてはならない。食べ物ばかりではなく、髪の毛の中に紛れ込んだり、服の中に入ってくることもある。そのうちテーブルの上一面にヒメツチカメムシが動き回り、悪臭を発する。処置のしかたは、ガムテープで引っ付けて捨てるのが最もポピュラーだが臭いはひどい。

窓には防虫網戸が必要になるが、普段、明かりに集まる虫を楽しみにしている者にとっては、選択に迫られる一面である。

最も困る生き物はシロアリである。これまでどれだけシロアリの被害を受けたことだろうか。ある年に東京の渋谷で、福島県会津で漆器を作っている友人と私のところの織物とで二人展を催したことがあった。夏休み時期でもあったので一家で上京して会場の準備に取り掛かった。夜になって実家に帰ってテレビの天気予報を見ていると、画面の下の方に低気圧の等高線が少し見えたのでヒョッとしたらと思って新聞の天気図を見直した。すでに台湾の東海上に台風が接近していた。

東京の暮らしでは、あらゆる情報が氾濫しているものの石垣島の天気などは、改めて気にしない限り伝わってこない。その台風が、もし、そのまま北上すれば八重山諸島は翌日には暴風圏に入ることは間違いない。留守にしている家の事が心配であったが、明日羽田を飛び立っても飛行機は石垣島に下りられないだろう。それなりに戸締まりはしてきたので、後は成るようになるだろうと腹をきめて、その夜をすごした。

翌日、天気予報で確認すると台風は、台湾北部に上陸して大陸の方へ向かっていると言う。石垣島では少しは吹いたが、直撃ではないので安心した。

十日程して帰島すると家は何事もなかった。なかったかのように見えた。窓を明け、風を入れ、部屋の中を掃除しようと織機を移動すると、床と織機の間は白く変色しており、シロアリがボロボロと散った。本棚の本を抜き出そうとすると本どうしがくっついていて動かない。まとめて抜き出すと本はベットリと水気を含んでおり、シロアリが内部を食い荒らしていた。外見は何げない室内の物が、内部はシロアリに犯されているのだ。

台風の雨で湿気が室内に充満したまま人の気配が無かったので、十日の間にフル活動したのであろう。以前からシロアリが家の材の一部に入っていることは知っていたが、その都度対処して来たのでこれほどの被害はこれまでなかった。しかし、人が生活していない締め切った室内では、アッというまに広まってしまったのだ。

その後に新しく仕事場を作った時は、床をコンクリートの土間にしてから一段上げて板張りのフロアーにした。これならばシロアリも地面からあがってこれないであろう。ところが仕事場に隣接するひと部屋は土の上に直接コンクリートの基石をおいて床を張った。

数年して、こちらの部屋からシロアリが入り、（おそらく）柱の中を通って仕事場にまで被害が出た。

　ある日、税金の申告をしようと領収書を溜めて置いた引きだしを開けると、引き出しの表面の板だけが取っ手と共にとれた。アレッと、引きだしの奥を見ると領収書の束が茶色く変色している。上下の引きだしも開けてみると皆同じように表面の板だけがとれ、中はシロアリの巣になっていた。殺虫剤を噴射してシロアリを殺してから領収書の束を引っ張り出すと、ひと固まりにくっついており、あちらこちらが食われていた。ビニール袋にいれてボロボロのまま税務署に持って行き、相談したら、係官も呆れ顔で笑っていた。

　一度、我が家の生き物の目録を作り、申告しないといけないかも知れない。

蘇鉄とヤシガニ

「ガー、ガー、ガー……ギァオー、ギァオー……ゴト、ゴト、ゴト」

南の海の小さな島に予想だにしない光景が繰り広げられていた。降り注ぐ強い日差しの下、一面、蘇鉄の自生する原野を、時折、恐竜が長い首を振り上げるかのようにパワーシャベルのアームが見え隠れし、その方向から騒音と砂煙が立ち込めていた。すでに住民が移住して久しいこの島を牧場としていた企業が、土地改良事業を導入して草地を本格的に造成しているのだ。

隆起サンゴ礁からなる島は全体に平坦な地形ではあるが、土層が薄くいたるところに石灰岩が露出している。それをスタピライザーという重機が粉砕して土壌と混合していく。パワーシャベルは、その前作業として森の樹木をなぎ倒し凹凸な地形をなだらかにしているのだ。白日のもと、暴かれた森のところどころに古い墓の石積だけが島の歴史の痕跡として残されていた。

私たちがこの島へ訪れたのは、草地化される前に蘇鉄を石垣島へ移植するためだ。かつて島では食料危機の備えとして農耕に不向きな土地で保護されてきた蘇鉄も、飽食の時代と言われる現在では、放牧にとって有毒で無用な植物でしかないらしい。

石垣市は、この廃棄される蘇鉄をグリーンバンクの制度を導入して緑化木として受け入れることにした。そして私たちはその作業のためにやってきたのだった。

「オォー。大変ね」長身のポールさんが作業を中断して汗を拭きながら呟いた。密生する蘇鉄の株を掘り起こしやすくするため余分な下葉や幹を取り除いているのだが、堅い刺のような葉は人を易々とは寄せ付けない。数億年もの間、あまり変化もとげずこの形状と幹に蓄えた毒とで身を守ってきた植物だけはある。

ヤシの木を登るヤシガニ

長柄の鎌を握り締めたポールさんは再び作業にとりかかりながら「この島、ヤシガニ沢山いるんでしょう。食べたいね」と誰に言うともなく言った。

その日の夕方、作業が終わって宿舎に戻ると、作業員全員の関心事はヤシガニ採りに一致していた。食事を済ませ暗くなるのを待ってからみんなで出かけることにした。

「さっき、牧場の管理人に聞いたんだけどヤシガニなら、夜になるとニワトリ小屋にいるって」と大泊さんが言う。

「ニワトリ小屋に?……」誰もが理解に苦しんだ。作業の帰りしな宿舎の横のニワトリ小屋の前を通ったとき、ニワトリは広場でめいめい餌をついばんでおり、小屋には何もいなかった。入り口が開け放たれたままのニワトリ小屋に夜になるとヤシガニが来るのだろうか?。

「俺、湯を沸かしているから、誰か採って来たらいいよ」と大泊さんは自分で炊事係を名乗り出た。

半信半疑、私とポールさんとで懐中電灯を持ってニワトリ小屋へ向かった。金網越しに電灯を照らすと止まり木にはニワトリはおらず、他の生き物の気配もなかった。

「何もいないじゃない。あんなこと言って」

ポールさんが舌打ちをした。電灯の明かりで小屋の周囲を照らすと傍らの黒木の枝に一列に並んだニワトリが止まっている。

「このニワトリは折角小屋があるのにね。何でこんな所で寝てるんだろう」ポールさんが呟いたとき、足元で何かうごめくものがあった。電灯の明かりを下に向けると大きなヤシガニが小屋の入り口の方へ歩いている。

「ポール、ヤシガニだ！」

「ほんと？　ウッソー、変ねー、このヤシガニ小屋に入って行く」ポールさんが鎌で押さえつけようとすると堅く大きな鋏でガチガチとそれを払いのけ、ひたすらニワトリ小屋へ入って行く。

「ポール、足で背中を踏ん付けて、鎌で鋏を押さえつけろ」興奮気味の私はいつしか命令口調になっていた。ガチガチガチと鎌と鋏のせめぎ合う音が聞こえ、向けられた電灯の明かりの中にポールさんの大きな長靴に踏まれたヤシガニの姿が見えた。ヤシガニはなおも大きな鋏を振り上げ抵抗している。

「これからどしたらいいの」悲鳴に近いポールさんの声。

「よっし、待ってろよ」懐中電灯を置くと、両手でヤシガニの二本の鋏と脚を掴んだ。掴みそこねた他の脚がときおり手の甲を引っ掻く。

「ポール、袋、袋」ポールさんが腰のバンドに挟んで持って来ていた肥料袋を取り出すと、投げ捨てる様にヤシガニを入れた。

「スッゴク、大きいね」それまでの興奮も少し冷め、ガサガサともがき暴れる肥料袋を手にポールさんが言った。私は懐中電灯を拾い上げると、ニワトリ小屋の中を改めて点検してみた。「いた！」もう一匹のヤシガニが餌箱の中で餌をあさっていた。

二匹の獲物を持って宿舎に戻るとすでに台所では鍋の湯が煮えたぎっていた。波照間島出身で子供の頃からヤシガニと接して来た大泊さんは慣れた手つきで肥料袋から取り出すと「こいつは大丈夫だな」と呟いた瞬間、鍋の中にほうり込みすかさず蓋をした。ガリガリガリガリと爪が鍋を掻く音がして間もなく静まった。

「本当に大丈夫か」「本当かよ」鍋の回りに集まった誰もが口々にそう言ってから、また、食卓に戻り泡盛を飲みはじめた。話題はしばらくシガテラ中毒に絞られ「昔、どこどこの誰々があたってよ、でいじ（大変）だったさー」などと次々体験談、聞きカジリ、ホラ話、作り話などが宴を賑わした。

「ホィ、お待ち…」大泊さんが真っ赤に茹で上がったヤシガニを盛った皿をデーンと食卓に置いた。先程まで、あれだけ激しく抵抗していた怪獣が、今ではいい匂いを漂わせる食べ物として垂涎の的になっている。

「ウワー、美味しそうね」真っ先に手を伸ばしたのはポールさんだった。ポールさんが食べ始めると、それまで中毒を心配していた人までもが一斉に手を出した。

しばらく沈黙が続いてから、解体された殻が皿に山積みにされた頃、満足げに口を拭く石野さんが「最近じゃ、石垣島ではヤシガニがすっかり少なくなったからな～」と口火を切った。「このパナリ島も牧場が出来たら少なくなるだろうな。棲み家の岩場も無くなるし」

さっきまで一番中毒のことを心配していた宮良さんが、食べ残しの脚の先から身を楊枝でほじり出しながら「な〜に、中毒があるから大丈夫よ。そのうちヤシガニもみんな毒餌食べて人に食べられないようになって、海岸で生き残るんじゃない」

「そうかな、そしたら人も蘇鉄を食べたみたいに毒抜きして食べるようになるはずよ」と石野さんが言う。

「こんなに美味しいものほっておかないよネ」ポールさんが相槌を打った。

これまで黙って飲んでいた大泊さんが泡盛をコップにつぎたしながら「牧場なんか作らないで牛もヤシガニもニワトリも飼えばいいんだよ」と口を添えた。すっかり酔いのまわった宮良さんが「ソウダ。ソウダ。みんな生まれ島に帰って牛もヤシガニもニワトリも一緒に暮らせばいいんだ。大泊、波照間に帰ってな…」と言って黙った。

明日も太古の姿をとどめたあのてごわい蘇鉄と格闘が続くのだ。

第三章

シマの生きもの

ウミガメ

私がはじめてウミガメを見たのは（いや、実際には見ていないのだが）西表島の鹿川からの帰りの船の上からであった。その時見たのは正しくはウミガメではなく、実はウミガメの足跡なのである。

サバニの舳先に立ったゲントクさんがウフバマを指さして、「もうウミガメの産卵の時期だなー」と言った。鹿川でヤマモモの実を沢山食べた後だったので五月中下旬頃だったと思う。

船上から見たウミガメの足跡は、海の青、浜に打ち寄せる波頭の白、砂浜のベージュ、海岸林の緑、断崖の岩肌の褐色、空の青の横縞の中間に、縦に残ったわずかばかりの痕跡だった。

その後、西表島を幾度も訪れるうちに、浜で産卵しに来た母ウミガメの足跡を間近に見た事もあったし、孵化した子ガメが海に帰って行った足跡も見た。長い間、私にとって実際のウミガメとの出会いは無く、足跡ばかりであった。

今では、写真やテレビや映画でウミガメを見たことのない人は少ないだろう。実物ですら水族館へ行けば、腹の下まで見ることが出来る。しかし、それらの機会がなければ、ウミガメと人の出会いはめったにないはずだ。

私が初めて実物のウミガメを見たのは、石垣島に住んでからのことで、ボートに乗って海で釣りをしていた時のことである。少し離れた海面でヒューという息をする音に気づき、目をやると何かの鼻先が一瞬見えた。その時、即座にウミガメだなと思いはしたが、見たのは顔のホンの一部にすぎない。

それから別の時に、やはり釣りをしていて海面から出た足だか手だかを見た。まるで子供の頃、雑誌の付録に付いて来た「動物絵会わせ」のカードの様に部分部分しか見る機会がなく、まるごと、本物を見たのは、死んで浜に打ち上げられたウミガメの死体なのである。だから私にとってウミガメは、他界の生き物なのである。

言い換えれば、産卵のために夜の一時上陸して、それから砂の中で孵化した子ガメは足跡だけを残して海に帰り、死んで打ち上げられる、私たちの暮らす陸上はウミガメにとっては他界なのではないだろうか。

ある時、石垣島の「ウミガメ研究会」の催しに参加して、産卵後の孵化状況の調査に同行させていただいたことがある。一般の人も含めて寄せられた情報をもとに産卵場所、日時があらかじめチェックされており、孵化期間の過ぎた産卵場所を掘り起こして孵化殻と未孵化卵、それに孵

浜に打ち上げられたウミガメの死体

化したものの地上まではい上がれなかった死体を記録するのである。

　産卵場所の砂を掘り進むうちにタンパク質の腐敗臭が立ち込めて来る。孵化をしても途中草の根っこなどに邪魔をされ地上にはい上がれずに死んだ者や、卵のうちにカニによって食べられたものの残りの臭いだ。なかには奇形の状態で身動き出来ずにそのまま生きている者もいる。

　しかし、掘り起こされずにそのままにしておけばやがて死ぬことは確かで、掘り起こしたこの産卵跡の場所は正にウミガメにとって死の世界である。

　そこから夜の砂浜に足跡を残して立ち去った者だけが生を受けて海へ帰って行ったのだ。

HOPPY

「何か変な顔の鳥が落ちてたぞ」作業着に地下足袋姿の安西さんが肥料袋を手に家の入り口に立っていた。彼は農業をする傍ら、時折アルバイトで山仕事に出掛けている。いでたちからしてその帰りらしい。

「顔がデッカくて、目がギョロとした奴さー、なんだか分かっぺか」沖縄と福島の方言が入り交じっている言葉で話しまくる。

「山の下草刈ってたら、木の根元でうずくまってたんだ。どしたらいいんだっぺか」

肥料袋の中を覗き込んで見ると、隅の方で褐色の毛玉がころがっている。手を入れてみると金色の大きな目玉がこちらを見上げた。リュウキュウコノハズクの雛だ。

見つけたときの状況を聞いたが「草刈ってて、もう少しで草と一緒に鎌で切るところだった。飛べそうにないし、草刈ったとこにポツンと置いとくのも可哀想だし、肥料袋に入れておいて、帰りに持って来た」と言うのである。もう、その場所も山の中ではっきりしないと言うのである。

リュウキュウコノハズクの雛

「その場に置いておけばよかったのに」と言うと「そうもいかねっぺ。もう少しで切るところだったし、草刈った所に置いといたら誰かに踏まれるっぺよ」と言うのだ。彼の頭の中には「危険だったから」という理由がすでに支配している。しかたなしに家で預かることにした。

翌日は、雛の餌捕りからはじまった。網と虫籠を持ってサトウキビ畑をウロウロしていると、隣の根間さんが畑に行く途中で「深石さん、朝から昆虫採集？」と声をかけてきた。

「いや、あの、鳥の餌採ってるんです」

「ニワトリなら自分で餌採るでしょう。そんなに可愛がんなくても大丈夫さ」

「いや、コノハズクの雛にあげる餌です」

「コノハズク？。それウコッケイの仲間？」

「いいえ。野鳥なんです。夜にホッホッホッって鳴く」

「ああ、マユ・ツクフ」

八重山ではミン・チィクグルとかマヤ・チィクグルと呼ばれているが、宮古島ではそう呼ばれるらしい。マユ、マヤは猫と言う意味でミンは耳である。

サトウキビや牧草の葉を食べているバッタ類をしこたま採って、後脚をむしってから生きたまま雛にあたえてみた。割り箸でつまんで口元に近づけると嘴でくわえたかと思うと目をつぶって一気に飲み込んだ。この様子では自活できるまで何とか飼えそうな気がする。

始めのうちはダンボールの箱の中で飼っていたが、数日後からは動きが活発になったので飛べる環境を与えるため、部屋で放し飼いにした。天井の片隅に止まり木を取り付け、その下にビニールシートを敷いた。時々、フンやペリットを落とすからだ。

しばらくして餌の与えかたも変え、止まり木ごとソッと下に降ろしてから雛の近くに後脚だけむしったバッタを放すことにした。ジャンプ出来なくなったバッタがモゾモゾと動くと、止まり木に止まった雛は頭を左右に動かして餌との距離を計ってから、羽を広げて飛びつく。大きな指で獲物をムンズと押さえ付け、自分で食べる。毎回、餌の置く位置を遠ざけ、飛ぶことと餌を捕まえる感覚を訓練させてから、次はそのまま飛び回るバッタに変えた。

雛が飛んで餌を採るようになると部屋中の床がフンとペリットで汚れ、置いてある物が倒れたり落ちたりした。そんな数日の間にコノハズクの雛にはホッピーという名前が着けられた。

成長の度合いを見計らってある日、部屋の窓を開け放しにしておいた。夜になって部屋の明かりを点けてみると、もうホッピーの姿はなかった。その夜も次の日の夜も窓を開け放ったままにしておいたがもう戻らなかった。あっけない巣立ちだった。

島の長い夏も終わりに近づいたある日の夜、庭のグァバの木でコノハズクの鳴き声がした。「きっとホッピーに違いない」と勝手に思った。それからちょくちょくホッピーは庭に訪れて鳴くようになった。夜の闇の中で姿は見えないが、きっと無事に成長しているのだろう。


数年たってから私たちの住まいは、五百メートル程離れた隣の集落へと移った。その頃にはホッピーのこともすっかり忘れていた。

ある夏の夜、仕事場の隣の部屋で寝ているとコノハズクの鳴く声で目が覚めた。床の中でうつらうつら聞いていると、その鳴き声は仕事場のコンクリートの壁や天井に反響している。開け放した窓から入ったらしい。「ホッー、ホッー、ホッー」間近で鳴くその声とは別に、庭の方からは「ミゥ、チュルチュルチュル」と鳴く声が答える。二羽のコノハズクが鳴き交わしているようだ。これまでも毎日のようにコノハズクの鳴き声は聞いていていて思い出すことがなかったのに、何故か半分眠りの中で「ああ、ホッピーが巣作りを始めようとしているのだ」と思った。

すでに何年もの歳月がたっているのに記憶の闇の中ではホッピーが生き続けているのだ。

ある年の秋、底原《スクバル》の山に入った。すでに人の通わなくなった山道を、下草を掻き分けながら歩いて行くと、谷側の木の枝にコノハズクが止まっていた。その時は別にこれといって気に止めることも無かったが、午後になって帰る時にも同じ枝に止まっている姿を見て「どうしたのだろう」に気にかかった。薮を漕いで近付いて行くと、そのコノハズクは人の気配に脅えるように飛びたった。

しかし、飛び方がおかしく、すぐに林床に落ちた。近付いて見ると右の羽を半ば開いてうずくまっている。羽の付け根から血が滲み出ている。ケガをして飛ぶことが出来ず、一日中同じ枝に止まっていたのだ。飛翔している時、何かに激突したのであろう。

コノハズクは、よく人里に現れ、明かりに来る昆虫類を捕らえて食べる。道路の街灯や人家の窓辺に集まった昆虫類を捕食する際、自動車などに接触する事故が最近多い。もしかするとこのコノハズクもそういった原因でケガしているのかも知れない。

もし、治るものなら再び自由に飛べるようにしてあげたい、という気持ちが心の底で沸き上がった。コノハズクを捕まえ家に持ち帰った。

その夜、床の中でコノハズクを捕らえる時の光景が思い起こされた。確か、コノハズクが止まっていた枝から飛び立った時、近くの梢から何かが同時に飛び立ったような気がする。その影は別な方向へと姿を消した。

再び、その時の光景を思い起こす。私がコノハズクの近くに歩み寄ると、人の気配を察して振り向いたコノハズクは、一時身構えてから次の瞬間、反対方向へ向って飛びたった。そして下草の中に落ちた。近くの梢で別の何かが飛び立った……??……飛び立った……??……飛び立った……??。

何かが飛び立ったことが脳裏から拭い切れない。もしかするとケガしたコノハズクを見守っていた別のコノハズクがいたのかも知れない。そう思いはじめると、飛び立つ影が次第に色濃くなり、飛び立ったのだと思うようになった。私は何ていう事をしてしまったのだろうか。その日の夜は長く辛い夜だった。

翌朝、まだ陽も登らぬうちに床から起きてケガしたコノハズクを保護しておいたダンボール箱を覗くと、すでに横たわって硬直した姿があった。

どうせ死ぬのならそのままにしてあげればよかったという思いが、いつまでも、いつまでも、今も残っている。

水底からのきらめき

私は太陽を背に受けて、海に向かって砂浜に座っている。海は上げ潮時で穏やかな波が繰り返し打ち寄せる。日の光に透けた水面からは、まだ潮の満ちたばかりの浅海の底があらわに浮かび上がり、それまで陸地の一部として眠っていた海の命が再び目覚める様子がうかがえる。石の下に潜んでいた生き物たちは海水が満ちると共に触手を伸ばし始め、押し寄せる波ごとに小さな魚が行き交う。私は、ひとときを経て、また海としての息吹を取り戻しつつある、目覚めたばかりの海を前にして座っている。

しばらくして、さらに潮が満ちた頃、蘇ったばかりの海の底から日の光を受けて鋭いきらめきが起こる。ボラの群れが回って来たのだ。海底の石にまとわり付いた群れの魚体が、餌を食む度に銀鱗が輝く。

時折、海を渡る一陣の風が、これまで透明だった水面に紗の薄絹を張りつめると、水底のきらめきだけが水面のスクリーンに映し出される。

光と風の戯れを見つめたまま私はそっと立ち上がり、かたわらの投げ網を手繰り集めて身構える。風が去ると再び水底は浮かび上がり、繰り返す波頭の通過だけがいっときの幕を降ろす。私は浜にたたずんだまま次の風を待つ。

再び渡る風と共に、水面を見据えたまま私は身を屈めて光の戯れへと接近する。次の瞬間、放たれた投げ網は空で輪を広げてから、水面に映る光の戯れを包み込むようにして落下する。円形を描いた波立ちがただちに治まると、今度は、その中で右往左往する魚体が暴れて別な波立ちを起こす。

私が沖縄の海での投げ網を知ったのは、石垣島に住むようになってから足しげく通った西表島でのことだった。ゲントクさんの家に滞在していた雨の日「タカシ、今日は投げ網が最高さー。ボラでも捕って来て食べよう」と誘われたのだ。肥料袋に入ったズッシリと重い投げ網を担がされ、ゲントクさんの後を付いて行った。森を抜け、マングローブ林の縁を通って浜へでると遠浅の干潟は雨の中に静まり返っていた。

だいぶ沖の方まで歩いて行って、海面が見え始めた頃、ゲントクさんは立ち止まって「タカシ、網を出して」と催促した。肥料袋から投げ網を出すと、ゲントクさんは、網の先端を右手のひらで持つと、腕を上げて網の中程を左手のひらで掴み、その箇所を、先端を持った右手に一緒に持ち替え、同じことを二度繰り返して網を折り畳み、裾からの網の長さを腰の辺りまでにする。折り畳んで右手のひらでもった網の先端部分を腰の位置から上げて重りのついた裾を浮かせ、左の手で襞《ひだ》になった裾の三分の一の量を、折り畳んだ網の部分を持った右腕の肩に掛け、残り三分の一を一旦曲げた左足膝に掛けておいてから、左手で最後の網の残りの三分の一を裾から半分の位置で掴んで、右手の他の網と一緒に持たせ、空いた左手で左足膝に掛けておいた網の裾の中程を持つ。

つまり、三つに折り畳んだ腰までの長さの網の裾を三分の一ずつに分け、ひとつを右肩に掛けて、ひとつを半ばから右手のひらで他の網の部分と一緒に握り、残りのひとつを左手で半ばから持つ。

そして、左半身にかまえて、左手の三分の一の網を投げると共に、右手と肩の三分の二の網も体を捻りながら右手の肘の回転を利用して網を飛ばす。左手の三分の一の網が一番遠くに飛び、右手に持たれた三分の一が次いで、右肩から肘にかけての三分の一の網が手前に落ちて、網が円形に広がる、と言う仕組みである。

内地の投網が主に船の舳先などから立った姿勢で不透明な水面に投げられ（打たれ）るのに対し、沖縄の投げ網は、網をコンパクトに畳んで、中腰の姿勢から投げれる（打てる）ようにしている。これは、沖縄の海の透明度が高く、浅瀬の海で獲物を見届けた状態から相手に気づかれぬ姿勢で近づき攻撃的に打つ工夫なのだ。

投げ網を整えたゲントクさんは、先方の水面を見据えたまま浅い海の中を歩いて行く。獲物の気配に立ち止まると確認してから、今度は身構える姿勢で先方の水面を見据えたまま進み、次の瞬間、三歩程前に踏み出しながら態勢を右に引いてから左へ回転させて体全体のリズムで網を送り出す。

それまで雨に打たれて灰色に煙っていた水面は、瞬時にして暴れる銀鱗でどよめき波立つ。

後ろに付いて歩いていた私は、はじめゲントクさんの立ち止まる姿に気づき、彼の視線の先を注視する。しかし、雨に打たれる水面があるだけでいっこうに魚の姿は見えない。彼は視線の先にむかって忍び寄るが、後ろにいる私には獲物の気配すら感じられない。

そんな事が何度か続き、あっと言う間に肥料袋は魚で一杯になってしまうのであった。もちろん、魚の入った袋を担いで移動するのは私の役目である。

ある時は、晴天の日であったがアイゴの群れを網で被せ、ひと網で肥料袋ふたつ分の量捕ってしまった。それは良かったのだが、持ち帰る役の私は大変な重い思いをした。と言うのも、アイゴのヒレには毒腺があってそれに刺されると激痛が伴うからである。担ぐことも出来ず、両の手を広げた状態で二つの袋を持って帰路についた。見習いは下積みが肝心なのだ。

袋持ちをしながら後に付いて回っているうち、徐々に魚の気配が感じられるようになった。沖縄の投げ網は「海を見る」ことからはじまる。そして「海を読み」「魚を読む」のである。彼の後ろを付いていて、はじめは気配すら感じられなかった私も、立ち止まる度に「あれは何」と聞けるようになった。水面の変化、水底の光り、水面に出た背鰭や尾先の一部が見えるように成ったのだ。そして、どんな時、魚が良く見えるか、どんなとき接近するチャンスか、どの時期、どんな魚が上がるかなどなど覚えていった。

沖縄で投げ網を打つ場所は大きく分けて、浜とリーフの上の二か所になる。浜では、ボラ、ミジュン、パダラーなどの群れが主で、時にはそれを狙って来るヒラアジやダツ、カマス、などがある。リーフでは、サンゴや海草を食べるイラブチャー（ブダイ）やツノマン、エイガー（アイゴ）、シチュー（ミナミイズスミ）などで、他には、マングローブ林の中を流れる川の汽水域でチン（ミナミクロダイ）などを狙う場合もある。

エイガー（アイゴ）は沖縄において、その稚魚をスクと呼び、旧暦の六月一日の大潮に群れをなして浜に寄るところを漁するのが良く知られているが、投げ網ではその前の、スーマン、ボウスー（小満、芒種）の入梅の頃、卵を腹に抱えたメスと精嚢を発達させたオスを狙う。

大潮の干潮が過ぎて潮が満ちると、それまで海面上にあったリーフにも刻々と波が押し寄せて潮が上がって来る。この上げ潮と共に多くの魚もリーフの浅瀬に集まり、我先にと餌を漁る。まだ潮が満ちたばかりの浅い場所に、背鰭を出してでも上がって来た魚が投げ網にとって最も狙い目となる。

雨の日が水面が打たれるので狙いやすく、向かい側の空に黒雲の掛かっている時が、水中が見えて魚を見つけやすい。

晴天の日は、風や波を利用して接近するが、めくれ上がって落ちた波が白い泡立ちを伴って押し寄せてくるタイミングが投げ網を打つチャンスと言える。それにしても、晴天の日のリーフの上を魚を探しながら歩くのは楽しい。リーフの際で波がめくれ上がった瞬間、弧を描く水壁に魚の泳ぐ姿が見える。と、思う間もなく波頭が落ち、砕け、白い泡立ちで幕を引く、再び、潮が沖の方へ引いて行ったかと思うと、新しい沖からのうねりに合流してめくり上がり、弧の水壁が出来上がる。そこには先ほどとは別の魚の姿があり、時には赤い魚であったり、青い魚であったり、緑であったり、黒であったり、波ごとに繰り返し、繰り返し、繰り返す。見ているだけで楽しい。

時には、砕けた波の白い泡立ちの中から、ピロッと背鰭や尾の出るのが見れる。イラブチャーが水中で逆立ちして餌を食べているのだ。尾の先がユッタリと手招きしている様にも見える。

「さあっ、おいで、おいで。投げれるものなら、投げてごらん」

投げ網を習い始めた当初、なかなか網が開いて飛ばないので、夜の浜で練習したことがある。夜なら人に見られる心配もないし、もしかして思わぬ魚が捕れるかも知れない。行き馴れて地形をよく心得ている干潮の浅海めがけて網を打った。闇の中でボチャという音がしたかと思うと歪な輪を描いて光の模様が浮かびあがった。

「………！？？？」

網を手繰り寄せると、光の輪が近寄ってくる。網をまとめて持ち上げるとオモリの鎖から光りの滴がしたたり落ちる。夜光虫だ。また、網を整えて闇の海めがけて、一歩、二歩、三歩、足元を見下ろすと今度は歩む度に夜光虫がきらめく、網を打つ、光りの輪が飛び散る。まるで子供の頃アニメーション映画で見たピーターパンのようだ。

しばらくして別の夜、投げ網を持って同じ海へ出掛けた。網を整え闇の海めがけて打った。ボチャっと音がして、何の発光も無く闇の中で音が消えた。手探りで網のありかを探し、引き寄せてから、網を絞りかけたその瞬間、網を持った手に激痛が走った。網をもって浜に上がり、懐中電灯で網を照らして見ると、小さなエイガー（アイゴ）が網の途中にひっ掛かっていた。エイガーの鰭に刺されたのだ。

浜の賑わい

春になってサトウキビの収穫も終わり陽気が穏やかになる頃、海岸には婦人たちの姿が目に付くようになる。時期的には少し遅いがアーサ（ヒトエグサ）や、その後につづく海草採りが始まるからだ。海岸の潮間帯からイノーにかけて石垣島の方言でスーナ、オゴー、カーナと呼ばれる海草が生え、モズクの収穫も始まる。海岸線の最も手前、波打ち際の岩場に生えるアーサは子供からお年寄りまで採れるし、天日干しして乾燥させれば保存もきくので人気が高い。お吸い物にすると磯の香りがしてとても美味しい。

一方、モズクは大量に収穫して塩漬けにして保存するが、採り立てのものを三杯酢でいただくとはっきりとした食感があっていい。ただし、採って数日の間しかもたないので地元ならではの食材と言える。

この時期、砂浜で小さな二枚貝を掘ったり、岩混じりの浜でツブシンナーを採る人もいる。少し水深のあるイノーに入って行くとティラチャと呼ばれる口の部分の赤い巻き貝のマガキガイやクモガイも拾え、食用に供される。

もっと海に慣れ親しんだ人にとっては、タコ採りの楽しみがある。これはタコの穴（タコの隠れ家）を探すのが難しく、ある程度の経験が必要となる。しかし、それぞれの人が自分の行き馴れた海に、タコのよく入る穴を知っていても、決して他人には教えることがないので、めいめいが足しげく海に通って、自分で居場所の情報を身につけるしかない。

はじめの頃は、集落の中に良くタコを採って来るオジサンがいるので、どんなふうにして居場所を探すのか、遠巻きにして様子を見たことがある。すると毎回歩くコースがほぼ決まっているので、オジサンの頭の中には、すでにある数のタコが良く入る穴が記憶されていて、その他にその時々の情報が追加されていることが伺えた。だから、オジサンにしてみれば「今日は何番地のタコのヤー（家）に居るかなー」と言った具合いに訪ね歩いてるのだ。

海に出る村人

そんな時、オジサンとイノーで出くわすと、不意にコースを外れて外の場所を探したりする。人が遠ざかるとまた元のコースに戻って歩き始める。

幾度か海に行くうちにタコの居所が少しずつ分かるようになってきた。はじめはおおざっぱにイノーやリーフの様子を見て歩き、前の晩、タコが活動した場所を探す。タコは石の下に隠れて居るカニなどを好むので、頻繁に石をひっくりかえす。新しく裏返った石は回りの石と色が違うのですぐに分かる。それに時として、前の晩食べられたカニの甲羅や貝殻が落ちていることがある。その周辺の岩の凹みを探す。タコは棲み家にする穴を探して中に入ると、穴の中から手を伸ばして、穴の入り口を塞ぐ石などを集めてカモフラージュする。時には、石の透き間から体の一部が見えていたり、タコが吹き出す水流が見えたりする。

そんな穴の入り口を見つけると、モリの先でそっと小石をどかす。時には最後の石を吸盤で引っ付けて離すまいとするタコもいる。この時のタコとの駆け引きが面白い。穴から別の手が出て来て他の石を探すものがいるかと思えば、さっさと穴の奥の方へ隠れてしまう者もいる。目玉を出して外の様子を伺う奴もいる。

普通、タコ採りには湾曲したものと真っすぐな二本のモリを用意しておき、はじめ湾曲したモリで穴の中の下の部分を軽く掻いて、タコを穴から出してから、もう一本のモリで突く。外に出ない時は、出来るだけ急所を突いて、さらに二本目も突いて、二本のモリでねじるようにして引っ張り出す。大きなタコになるとなかなか容易に出るものではなく、足が切れても出てこないこともある。また、突いたモリに足を絡ませ、ジワジワとはい上がろうとする奴もいるし、スミを吐いて辺り一面を真っ黒な水に変えてしまう奴もいる。

ある時、穴の中のタコを突いたら、何を思ったのか穴の中から手が出て来て、その手には小魚が握られていた。まるで「これをやるから見逃してくれ」と嘆願しているようである。他にもトコブシの貝殻を出して来たりしたが、こちらとしてもそんな交渉には一切応じるわけにはいかず、ウムも言わせず引きずり出した。

またある時は、手で穴の入り口を覆い、そのすき間から外の様子をうかがう奴もいた。さも自分は隠れたつもりでいるらしく、こちらの目とタコの目が合ったときには、恥ずかしそうにスッと手で目を隠すのである。そしてしばらくしてからまたソッとすき間を作って覗いたりする。

タコ採り名人といわれる人は、そんなタコの良く入る穴を幾つも知っていて、採る時にも穴を壊さない、そして汚さないようにして採る。それが、名人にとっては自分だけの海の財産だからだ。

旧暦三月三日は、ハマウリ（サニズ）と言って女性たちが浜へ下りて、身を清める習わしがある。御馳走を作ってもって行き、家族そろって干潮の浜で遊ぶ。沖縄の長閑な風習だ。

闇に光る命

昔、昔、南の島に虫好きなオジーが住んでおってな、くる日もくる日も虫採りをしておったとさ。そんなある日、コガネムシの幼虫を探すため暗い森の地面を掘っていると、土の中から光る物が出て来てな、幼虫の様にも見えるが、餌を食べる様子もなく、足があっても歩くのが上手でない。成虫にしては羽も無いし触角も短い。肌色の体をノラリ動かして、おどろくと尾っぽで光ったとさ……

「一体何の虫だろう。光ることからホタルではあるらしいが、土の中に羽も無く、歩くこともあまりしないホタルがいるなんて信じられない」

とにかく家に持ち帰って調べてみることにした。

図鑑をひもといてみるが該当するホタルがいない。すると成虫では無く、サナギなのかも知れないと思いつく。そこで、このサナギの形から羽化した成虫の形を想像して、当てはまる種を検討してみた。しかし、図鑑に載っている写真のどれもが変身後の形とはかけ離れている。

もしかすると、図鑑に載っているどれかのメスなのかも知れない、と考えてみた。メスの形がオスの形とまったく違う種がホタルには多い。そこで、図鑑にメスの載っていない未知な種を選び、石垣島に分布し、この時期、サナギでいそうな種を絞り込んだ。

シャーレーの中に濡れたガーゼをひき、寝かせてあるサナギはキベリクシヒゲボタルのメスなのかも知れないと、かすかな目安がついた。しかし、それを確かめるにはどうしたら良いのだろうか。さらなる疑問が湧き、頭を悩ませた。

悩めるオジーは、ハッシとこぶしを打ち下ろし「そうだ、メスであれば結婚相手を探し、お婿さんを選ばせれば、相手のオスで種が分かる」と名案を思い立った。

翌日から、お婿さん第一候補のキベリクシヒゲボタルのオスを探した。毎日、毎日山へ出掛けたが、いっこうに見つからない。

そんなある日、夜中になってサナギのことが心配になり箱の中にしまっておいたシャーレーを暗闇の中でそっと覗いてみた。箱を移動した振動を感じてかサナギは発光器で強い光を発していた。元気ではあるらしい。翌日はどこにお婿さんを探しに行こうかと思いあぐねていると、闇のなかで安心しきったようにサナギの発光が弱まって行く。しばらくして尾端の発光器の光が消えると、今度は体全体が微かな発光をはじめた。

「エェ？？？サナギが体全体で光っている！」我が目を疑って、闇の中でさらに目を見開いて見るが、やはり全体で光っているのだ。試しに箱の縁を軽く叩くとサナギは目覚めたようにまた尾端の発光器で強く光る。このサナギが発光器ばかりでなく平静時には体全体で光ることをはじめて知った。見つめているとまるで赤子がスヤスヤと眠るような安堵感に満ちた発光である。

数日後、オスのキベリクシヒゲボタルが見つかった。そして、サナギも脱皮をして成虫になったらしい???。なったらしい、と言うのは、形の上ではあまり変化が無いからである。変身して成虫に成る他の昆虫から比べるとまるで幼虫が脱皮をして、一回り大きな幼虫になったぐらいの変化しかないのである。確かに脚が現れた。そして、体に黒褐色の班紋も現れた。しかし、どうみてもまだ幼虫の形なのだ。「サナギと思っていたのは、実は、幼虫が脱皮する前の眠りだったのではないだろうか」などと疑ってもみた。

とりあえず、「お見合い」をさせることにした。別な容器に土を入れ、まず、メス（?）を入れた。メスはしばらく土の上を這っていたが、やがて、土の中に潜った。しばらくしてオスを同じ容器の中に入れた。オスは隠れたメスの存在にはまったく気づく気配もなく容器に止まっている。その夜、度々、懐中電灯に赤いフィルムを張った明かりで見てみるが、メスは依然として土の中でオスとメスとの出会いはない。

翌朝になって、メスが土の中から出て来るとそれまで静止していたオスは触覚の枝を開いてしきりに上下に動かすようになった。明らかにメスの存在を臭覚で気づいた態度である。動きも活発になり、容器の壁から飛んで地上に降り、メスに近付いて行く。触覚がメスの体に触れると、すぐさまよじ登り、メスの頭の方に尾端を押し付け、それから向きを変えてメスの後部に移動する。まもなく交尾が成立した。

めでたし、めでたし、である。……暗い森の地面から掘り起こした光る生き物は、キベリクシヒゲボタルのサナギであったことがこれで分かった。オジサンはホッと胸を撫で下ろしたのである。

それからさらに数日たって、メスは一晩に三百個あまりの卵を産んだ。土の中にそのままにしておくとカビに犯されたり、その他の小さな生き物に食べられることがあるので、サナギを入れて置いたのと同じように濡らしたガーゼをひいたシャーレーの中に移し替えた。そのシャーレーを部屋の中の日の当たらない低めの棚に置いて、孵化を待つことにした。

ある夜のことである。目を覚まして、ベットから棚の方を見ると闇の中で煌々と光るシャーレーが目に入った。卵が発光しているのだ。そして、翌日も同じ時間頃見てみると、今度は昨夜程発光しておらず、目を近付けて見てみるとやっと薄ぼんやり光るのが分かる程度なのである。日によって良く光る日とそうでない日があるのだ。さらに気づいたことは、すでに別々の命であるはずの卵が、ある時は強く、ある時は弱く、みな同じように一斉に光っているのである。

卵やサナギは初期の頃、その殻の中で体の構造がまだはっきり形造られていないはずだ。それなのに発光し、おまけに光の度合いを同調している。

夜の闇の中で光る卵を前にジッと見ていると、何故か遠い宇宙の果てから届く同じ電波に、各々感応して「命」が光っているように思えて来る。

樹冠の宝石

熱帯雨林では昆虫類を含めた動物の大半が樹冠に生息するという。陸の多くの動物は直接にしろ間接にしろ植物から栄養を得ている。その植物は根によって土壌から栄養塩類を吸収し、葉で光合成をする。森全体からすれば太陽の光を受けて葉が茂り、花が咲き、実のなる樹冠こそが、動物にとって餌資源の最も豊かでバラエティーに富んだ場所と言える。

八重山の島嶼亜熱帯の森では樹冠に生息する動物は少なく、哺乳類では植物食のヤエヤマオオコウモリくらいなもので、爬虫類も昆虫食のキノボリトカゲやサキシマカナヘビぐらいなものである。しかし、昆虫類では、テリー・アーウィン（一九八八年）のアマゾンでの報告のような未知種が九六％には到底およばないが、まだまだ未知の種の存在する空間である。一月タブノキの新芽が伸び、二月にイタジイの花が咲くと、この頃から常緑の森は、もともとの深い緑に淡い緑が油絵のように塗り重ねられて春を迎える。そして昆虫類の半翅目《はんしもく》や双翅目《そうしもく》の中で、若葉や花に依存する微小昆虫が樹冠に増える。

ヤンバルアワブキの花に来たオオヒゲブトハナムグリのメス

するとそれらの昆虫を餌とするジョウカイや樹上性ハンミョウなどの鞘翅目《しょうしもく》類も出現する。三月になって気温が上がると、それまで林床の土中で冬を越していたオキナワコアオハナムグリや樹幹のウロに溜まった腐植質で昨年羽化したヨナグニヒラタハナムグリなども活動しだす。いずれもこの時期、樹上で開花するシャリンバイやヤンバルアワブキ、ショウベンノキ、クロバイと言った花に集まる。

この季節にかけての樹冠の昆虫は、最近でも新種としての記載が多く見られる。とは言っても亜熱帯の樹冠は熱帯に比べ層が薄く、低い位置に存在するため既に大半が知られている。

しかし、人目に触れづらい高所の空間での小さな昆虫の生態は、未知な部分と計り知れない魅力に満ちている。

タイワンシロアリの菌室

コガネムシ科の昆虫で日本では八重山諸島だけにしか分布しないオオヒゲブトハナムグリという種がいる。それまで三〜四月、メスがヤンバルアワブキの花に集まり、オスは樹冠を飛回ることが知られていた。オスもメスも個体によって色彩変化がみられ、全体を金色の毛で覆われた美しい種であるが、幼虫や成虫の詳しい生態は知られていなかった。

そこで、このハナムグリの生態を調べるため一九九一年から調査をはじめた。当初は幼虫を捜し出すため、手鍬を使って発生地付近の林床を掘り起こした。落ち葉の下の土中の世界も普段人目に触れない未知な部分が多い。

その間、越冬するオキナワコアオハナムグリ成虫やチャイロマルバネクワガタの幼虫、それに数々の他種コガネムシの幼虫を掘り出した。タイワンシロアリの菌室を掘り当てたときは感動的だった。地中にホッカリ空いた空間があり、そこにシロアリがキノコを栽培している培地が脳みそのような形であった。また、薄暗い森の林床で発光するホタルの蛹を掘り出したこともあった。そして、三年後に念願のオオヒゲブトハナムグリと思われる見慣れぬコガネムシ幼虫を発見した。幾度か飼育に失敗し、一九九六年、蛹から羽化させ確認することが出来た。

一方。幼虫の飼育と平行して、樹冠での成虫の活動を観察した。当初は遥か上空を飛び回るオスの行動を地上で口を開けながら眺めたり、長い竿の網で花をすくってメスを採集していたが、詳しい生態には結びつかず、しばらくして樹冠へ達する足場を作って観察しようと思い立った。それまでに幾度か高い木にも登ってみたものの、枝の先端に出て周囲を見渡すことは出来ないからである。それで、よく本種の飛来するヤンバルアワブキを選び、重い鋼管パイプを何本も運び込んで、八メートルの高さの櫓を建てた。そして、予備として別にもう一カ所背の低い木にも残りの資材とハシゴで観察拠点を作っておいた。

いよいよ発生時期が近付き、仕事の合間をみつけては櫓の上に登った。しかし、この年生憎にもそのヤンバルアワブキは開花期が遅れ、いっこうにオオヒゲブトハナムグリは集まらなかった。しかたなく予備に設置した別の場所に行ってみると、こちらはちょうど満開の時で辺りは花の香りに包まれていた。

ハシゴを登って樹冠に顔を出すと、クリーム色の総状花に赤や緑や青色をしたオオヒゲブトハナムグリのメスが訪花していた。まさに「樹冠の宝石」と形容するにふさわしい昆虫である。他にもハチやアブやイシガキチョウ、ウラナミシジミ類が吸蜜に集まっていた。

休日、好天に恵まれ写真撮影に出かけた。ハシゴの天辺から身を乗り出し、花粉を食べに訪れた本種の姿をフィルムに収めた。夢中になってシャッターを切り続けていて、ふっと我に返った時、自分が花と緑の中に身を置いている遠景を連想した。「きっと、緑色にクリーム色の模様の入った雲の上に乗っている様に見えるだろう」と何となく子供心に返り、しばらくの間、モコモコと沸き立つ亜熱帯の森の雲を眺めていた。

しばらくして足のシビレで我に返った。それまでずっとハシゴの天辺に、まるで「出初め式」の頭領よろしくまたがっていたのだ。陽光の降り注ぐ明るい樹冠からハシゴを下りて暗い森の中にたたずむと、これまで幼虫を探して長い間林床を掘りまくっていた自分に戻った。

そして、多くの昆虫の未知の探索とは、この対照的な二つの世界にコツコツとハシゴを掛けることに似ていると思った。

森の光

「明るい時見えないで、暗い時見えるものな～んだ」子供たちにナゾナゾを出す。

「ウーン……星……あっ……ホタル！……ホタルの光」元気な声で答えが返ってくる。子供たちを対象にしたホタル観察会でのひとこまだ。

夕方、暗くなる少し前にホタルの発生地に到着してホタルが出現するまでの間、注意事項やホタルについての説明をする時、そんなことから切り出す。子供たちは暗くなると持って来た懐中電灯を点け、林の中をあちこち照らしたがる。だから前もってホタルの光は明るいと見えないことを焼き付けておく。そして、光でオスとでメスが交信し合うホタルにとって人工照明が害あることも話す。

普段、車で走り慣れた夜道でも一旦車を止めてライトを消してから降りると、こんな処にもホタルがいたのか、と改めて知ることがよくある。それは季節によって陸棲ホタルの幼虫であったり成虫であったりするが、日中には気づかないことである。

ホタルを調査するときも夜の森の中で、少し歩いては明かりを消してたたずむ、目が闇に慣れるまで留まり周囲を見渡す。見渡すといっても闇の中では何も見えないので、光るものが無ければ、また電灯を点けて少し移動する。それを繰り返す。

ときには、電灯を点けて森の中を散策することもある。日中は活動しない生き物の意外な様子が光の輪の中に照らし出される。勿論、寝ている生き物もいて、思わぬ素顔に出会うこともある。どちらかというと夜活動する生き物は、目を覆いたくなのようなヤカラが多い。幹の芯部がウロになったイダジイの大木には、十数センチもあるオオゲジが出ていることもあるし、潅木の小枝に大きなムカデが餌を求めて這い上っているのにもよく出会う。ヘビの仲間も多い。

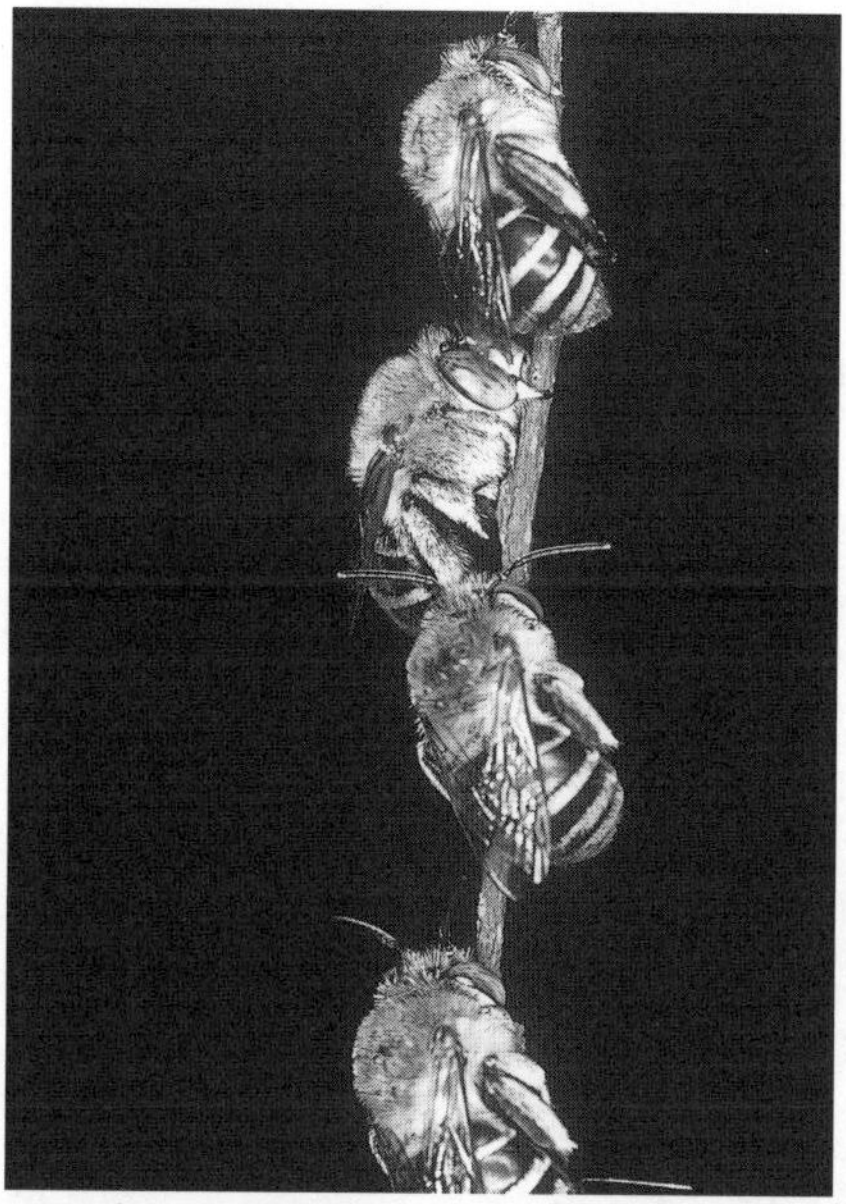

眠るハチ（アオスジコシブトハナバチ先島亜種）

かわった生き物ではコロギスの仲間がいる。直翅目のコロギス科に属す昆虫で一見コオロギにも似るが、キリギリスの仲間にも似る。羽のない種やある種がいて、いずれも長い触覚をもつ。日中は木の葉を糸で綴って巣を作り隠れているが、夜間活動して小昆虫などを捕らえて食べる。電灯の明かりを向けるといやがって影に隠れたりする。

日中よく目にするキノボリトカゲは夜、小枝にしがみついて寝ている。夜、寝ている昆虫の中ではアオスジコシブトハナバチがユーモラスだ。植物の細い枯れツルなどに集団で並んで噛み付いて寝ている。顎が疲れないのだろうか。

ある日、夜の森を歩いていて光る不思議な形の物を見つけた。はじめは落ち葉の下でホタルの幼虫が発光しているのかと思ったが、まったく動きがないので電灯で照らしてみると枯れたイタジイの根株に白いキノコが生えていた。再び明かりを消すとそのキノコは微かに発光している。

発光するキノコではツキヨタケがよく知られているが、あのように傘の上が褐色で柄のあるタイプでは無く、全体白色で傘の縁が波打って柄がない。『日本産菌類図鑑』等には載っていないので未記載種か、あるいは台湾、中国辺りに分布する種で和名の付いていないものなのであろう。道のない森の中なので、辺りの様子を確認してから翌日写真撮影することにした。

夜発光するキノコを撮影し終えて、帰る途中林床に露出した岩の上で、また、何やら光る物を見つけた。今度は微かに動いている。

近付いてから光る物のいる部分に電灯の明かりを当てると七~八ミリの幼虫が這っていた。再

発光するキノコ（沖縄にはまだまだ名前がわからないものが多い）

び明かりを消してよく見ると、普通の陸生ボタルの幼虫と違って発光部が尾端になく体全体が光っているように見える。持ち帰って詳しく調べるために捕まえてフィルムケースの中に収めた。

家に帰ってから実体顕微鏡で見てみると、幼虫の体節の各部分に発光する箇所があるため体全体が光るように見えるのが分かった。

また、しばらく飼育して様子を観察したところヤスデを餌とすることも分かった。食性などからイリオモテボタルの幼虫であることは見当ついたがしかし、記載論文の図とだいぶ印象が異なるので、念のため、横須賀博物館で学芸員をなさっている大場さんに連絡をとり、幼虫を生きたまま送ってあげた。

後日、大場さんから礼状が届き「論文中の幼虫図は持ち帰って孵化させせた若令幼虫なため形態が多少異なること、こちらでは飼育が難しく詳しい生態を知ることが出来ないでいる。送っていただいた幼虫で発光の様子やヤスデを捕食する行動をビデオに収めることが出来た」ことなどが書かれていた。

この時たまたま見つけたイリオモテボタル幼虫が野外ではじめて見つかったものであったが、その後、種の保存法に緊急指定された二年の間に環境庁から幼虫の調査を依頼され、昼夜捜し回ったものの再び野外で見いだすことは出来なかった。

ある年の秋、浦底の山に夜入った。渓流沿いにしばらく溯ってから谷の右斜面を回り込み、次の小さな谷を登り詰めた。二次林からオキナワウラジロガシやイタジイの森へと変わり、下草も少なくなって歩きやすくなった。しかし、傾斜はあいかわらずきつい。やがて、暗い森の中から上方の木々がシルエットとなって夜空を背景に見えた。尾根が近い。

少し開けた鞍部に出たので休憩することにした。呼吸を整えてから石の上に腰掛け、電灯を消した。汗ばんだズホンのポケットから煙草とライターを取り出し火を点けた。微動だにしない森の闇は静寂に包まれ息をこらしている。私自身闇に溶け込み、その存在が窺い知れない。時折、煙草の煙りを吸い込むと目の前で火が赤く色づぎ、それだけがまるで焦点の定まらぬ宙を舞う光として遠い世界のもののように見える。

しばらくして、目が慣れてくると闇の中に浮く微かな樹木の影が見え始めた。目を見開いたままさらに眺めていると樹木の影は濃さを増し、逆に辺りの宙が燐光を放ちはじめる。燐光は徐々に明るさを増し、樹木の影も濃さを深める。

「一体どうしたというのだろうか」　闇に溶けて意識だけの私は靄《もや》のような燐光に包まれ、その中で必死に焦点を定めようと模索している。燐光に濃淡が現れると脳裏にイメージが浮かび上り、同時に「林床」という言葉が像を結んだ。森の林床が一面発光しているのだ。

言葉が示す対象を確認すべく電灯のスイッチを入れた。それまで燐光の宙の中に浮いていた樹木の影は実像を現し、確かに落ち葉で埋め尽くされた林床に根付いていた。再び明かりを消す。しばらくして闇の一部が燐光を放ち樹木の影を浮かび上がらせる。足元に顔を近付け、凝視すると落ち葉の形が燐光を放っているのが認められる。限りない数の落ち葉が集まって靄のように発光しているのだ。しばらくの間、広大な宇宙を漂う気分に慕っていた。

これまで幾度となく夜の森に足を踏み入れたことがあるが、あれほど林床が発光するのを体験したことがなかった。そして、その後もない。今思うとあの時の体験は現実ではないようにも思える。しかし、林床の落ち葉がバクテリアや菌糸などによって発光することは事実だ。

今夜も南の島の何処かで森が光り輝いているに違いない。

生誕の扉を開く爪

生き物の誕生の瞬間というものは多くの場合、人々に深い感動を与える。待ち焦がれたわが子の誕生はもとより、身近な家畜の誕生にしても野生動物にしてもそうだ。普段、それらに立ち会う機会は少ないものの記録手段の発達した昨今、熱帯から極寒の哺乳類にいたるまで茶の間のテレビで見ることが出来る。そして、親が誕生した我が子を慈しむ種類ほど見ている側の感動の度合いも高い。

一方、卵を産んで育てる仲間でも、その後、親が卵を擁護する生き物（例えば鳥類を主とした爬虫類、魚類等多くの生き物）は、そのけなげな営みによって孵化の瞬間が期待に満ち、誕生が視覚的にもより具体性を持って感動を引き立てる。

そして、たとえ親が卵を産みっ放しの仲間で、単に時の経過と共に孵化が起ころうとも卵から新しい生命が誕生する瞬間は、子供を産む高等動物とは別の意味で生命の神秘性が見て取れ、いずれの場合でも感動は薄れない。

親の胎内で子供にまで育って誕生する生き物の卵とは違い、卵を胎外へ直接産む仲間は外界から胚を守るために多くの場合、卵殻が発達している。したがって、卵を間近に見ることが出来るものの中での生育の様子を窺い知る事はほとんど出来ない。おまけにそれらの生き物は鳥や爬虫類などを除いて微小な仲間が多く実際には顕微鏡でも使わない限り外部での変化すら見ることが出来ない。

一般に昆虫類の誕生は、微小で人目につきずらく、いつの間にか「わいて出る」などという表現が象徴するように人の意識から省略されがちである。感動よりむしろ気味悪がられることも多い。しかし、これらもよくよく観察してみると新しい発見や感動に満ちている事が分かる。

同じ昆虫類でも外気にさらされる場所に生み付けられる卵は乾燥を避けるため卵殻が厚く、水分をよく含む地中や植物の中に産まれる卵は、薄い卵殻の傾向が強い。

以前、コガネムシの生態を調べるためサキシマチビコガネを飼育したことがある。この種は国内では沖縄県の石垣と西表だけにしか分布しないが、お隣の台湾にも分布し、いわゆる日本本土でも普通に見られるコガネムシと同属にあたる仲間である。成虫は五月中下旬に谷間の渓流沿いなどで夜間出現し、日中は林の下草などに静止している。

夜、懐中電灯の明かりを頼りに山の谷間へ分け入り、夕方ひととき、渓流沿いのやや開けた空間を飛び回った後、葉上に止まってオスとメスが交尾している個体を採集した。砂を入れた容器

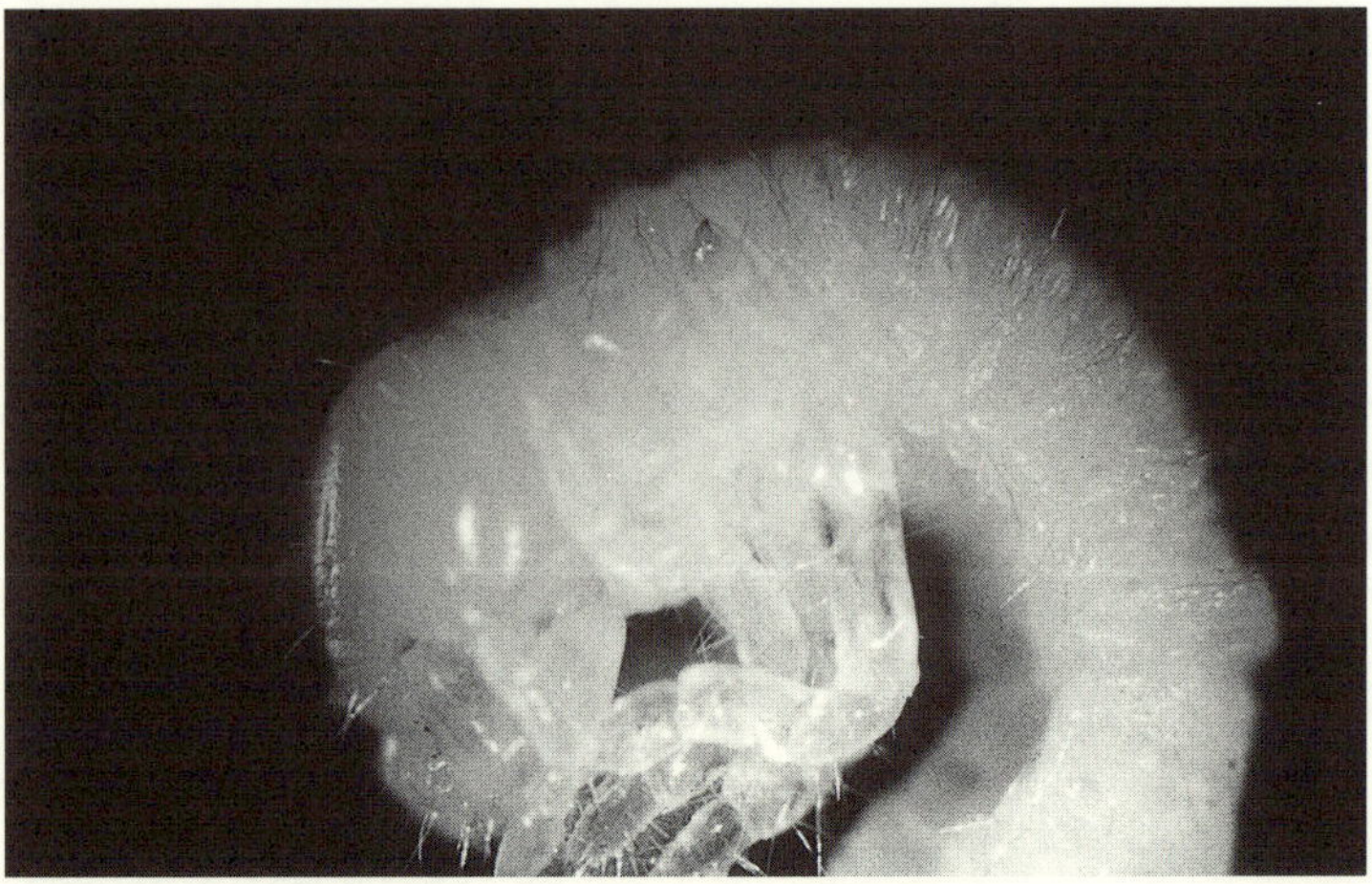

サキシマチビユガネの幼虫（背中に褐色の小さな爪がある）

の中でしばらく飼っているとメスは地中で産卵するので、その卵を湿らせた砂の入ったシャーレへ移し観察を続けた。

卵は、当初一・五～六ミリの楕円形であったものが、孵化前には丸みを帯び一・八ミリ程になる。シャーレを実体顕微鏡の下に置き、薄い卵殻を通して見える変化を観察した。

孵化間近の卵殻を透けて丸まった幼虫の頭や体、脚等が確認出来る。それまであまり動かなかった幼虫が後ろ向きに回転すると、まもなく卵殻に切れ目が入り幼虫はお尻の方から出現した。はじめは、何故卵殻が破れるのか分からなかったが、数多く観察しているうちに卵殻の切れ目がすべて三等分する形になっているのに気づき（実際には三つに分かれず一部で繋がっているが）、さらに顕微鏡を拡大して見ることにした。すると幼虫の背中に褐色の小さな点が一対あり、回転した時、その点に沿って卵殻に切れ目が入ることが分かった。つまり、幼虫の背中の点は、一対の後ろ向きに曲がった爪であり、卵の中で体を回転することによって卵殻を切っていたのだ。六月八～十日にかけて卵はすべて孵化した。

やがて幼虫が成長し、一回目の脱皮を終えると、その爪も脱皮殻と共に消滅した。この爪は、誕生の時だけ使われるもので、その後は幼虫の体に痕跡すら残らないので、あまり一般に知られる機会もない。自ら卵殻を破って誕生するためだけに備わった道具、と解釈してよいのだろうか。しかし、生命進化の過程で、誕生時にすでにそのようなシステムが組み込まれていることに驚かされる。

夏の夜に電灯の明かりに集まる昆虫達の誕生にはそれぞれどんな秘密が隠されているのだろうか。小さな生き物の誕生の瞬間にも大きな感動があるに違いない。

ホタルと携帯電話

ある日、知らない女性の方から電話があった。名前も告げずいきなり「ホタルの事でお聞きしたいのですが、いいですか」と言う。「ええ」と了承すると「こども会でホタルを見に行きたいのですが、何処がいいですか」と言うことであった。

以前、自然観察指導員の方達と、バンナ公園内のヤエヤマボタル発生地を調べ、今後は、そこで観察会などを行うよう示し合わせていたので、そこを紹介した。「いつ頃から見れますか」という問いに「四月中旬頃からが無難でしょう」と告げると、電話の向こうで別の誰かと相談する声が聞かれた。(四月中旬だって。今年度中には間に合わないわよね) 再び電話に向かって「三月中に見られる所はないでしょうか」と尋ねる。「そうですね。西表島では、石垣より早くから出現しているので、あちらへ行かれてはどうですか」すると、電話の向こうで (西表だって、そんな予算ないわよね) と言う会話が聞かれる。再び「石垣で三月に…」私は何故か電話口で「申し訳ありません。なにせ相手が自然なもので…そう言われても…」とただただ謝るのだった。

沖縄のホタルを本で紹介してからというもの電話による問い合わせが良くある。主な問い合わせは、何時、どこに行ったらどんな種類のホタルが見られるか、と言ったものが多い。日本には約四十五種のホタルが記録されているが、そのうち半数近い二十二種が沖縄県に、そして八重山では十二種の陸生ホタル類（幼虫期も陸で過ごす仲間）が生息する。しかし、成虫に成ってから発光する種も、発光しない種もいるし、幼虫の時期だけ発光したり、成虫ではメスだけ発光する種などさまざまで、一般的に鑑賞するのに適した種は八重山において三種といってもよい。

石垣島では四月から五月にかけて成虫が出現してオス、メスとも点滅発光をするヤエヤマボタルと、同時期頃から出現して十一月初旬まで見られるキイロスジボタル、それに十月から一月にかけて見られ、持続する発光のオオシママドボタルである。ただ、出現時期は島や同じ島の中でも場所によって異なる場合がある。例えば、ヤエヤマボタルは西表島で三月から見られるし、年や場所によってオオシママドボタルが九月から見られる場合もある。

ヤエヤマボタルとオオシママドボタルは両種ともメスの羽が退化していて飛べず、地上で発光するためめったに人目に触れることはない。三種のうちキイロスジボタルだけがオス、メス共に飛翔発光する。

この三種のホタルは、それぞれ生息場所が異なり、ヤエヤマボタルは山地の谷沿いに多く、キイロスジボタルは海岸林から山地まで広い地域におり、ヤエヤマボタルと混生していることもしばしばある。これは、点滅発光するヤエヤマボタルに対し、キイロスジボタルは、持続する発光なので同じ場所にいてもすぐに区別がつく。また、オオシママドボタルは海岸林から畑地など人里に近い環境に多くキイロスジボタルと生息場所がダブり、発光も同じく持続するが、成虫出現時期が異なるので、秋から冬にかけて見られる光は本種と考えてよい。三種の中でも若夏の頃、成虫が出現して群棲するヤエヤマボタルの発光が鑑賞するには最も適している。

オオシマドボタルの発光は、冬の季節風が吹きはじめる時期でどことなく寂しい。しかし、人里周辺で生息するためわざわざ見に行かなくとも身近に接する機会が多いし、夜、家の電気を消して就寝しようとした時など、思いがけずに迷い込んだ本種が部屋の中を飛ぶ光景などに出会うこともある。

ヤエヤマボタルのように群棲することはなく、ほとんど単独行動で飛ぶ光のシュプールは冬のホタルとしての風情が感じられる。このホタルは、ヤエヤマボタルの華やかな発光とは別な、しみじみとした趣がある。見るにつけ「どうしてこんな時期に成虫として出現するのだろうか」と考えさせられてしまう。

日本で最も知られるゲンジボタルやヘイケボタルは、夕方から夜にかけて活動をはじめ、オスは乱舞して草や木の葉などに止まって発光するメスを探す。それはヤエヤマボタルもメスが羽を退化させ飛ばないという違いはあるものの、落ち葉の下などからはい出して発光する点では同じで、これらの仲間は発生地近くで群れる習性がある。光という視覚でオス、メスが出会うためであろう。

いっぽうオオシママドボタルなどは昼間も夜も活動し、おもにメスの発する匂い（性フェロモン）でオスがメスに接近するタイプのホタルなのであまり群れることがない。群れない理由としては、ほかに幼虫期の餌がカタツムリで地上に広く生息するため、それを捕食することで分散してしまうことも考えられる。つまり、成虫になったとき羽がなく移動性の乏しいメスは各地に分散していることになる。この幼虫期に餌となる生き物の生態とホタルのオス、メスの出会い方は深く係わっているものと思われる。

ある日、沖縄のＮＨＫテレビからオオシママドボタルの撮影協力依頼の電話があった。

珍しい冬のホタルを全国に紹介したいと言うものであった。確かに日本で冬もホタルが見られるのは沖縄県だけであろう。しかし、いざ撮影となると難しい局面があることは、これまでホタルを観察してきた者としては、身に染みた事実である。と言うのも、夕方になれば発光するゲンジボタルやヤエヤマボタルと違って、オオシママドボタルは発光時間帯が決まっていない。夜になってもあまり光って飛ばない日もあれば、早々良く光る日もある。明け方になってようやく光る日もある。

若いカメラマンとその助手を案内して薄暗くなるのを待ってからヤマバレーの原野へ向かった。

農道の両脇に茂る雑草では、わずかながら発光が見られる。懐中電灯の明かりで周辺の状況を確かめた後、三脚をセットして撮影の準備に入る。バッテリーに照明ライトを接続して助手が傍らに控える。

カメラマンの構想としては「(薄暗い照明のなか)草藪に潜む一匹のホタル。(照明落とす)闇の中で微かな発光が起こる。発光がホタルの姿を浮かびあがらす。草の葉上を移動するホタル。葉の先端から飛翔するホタル。ホタルの光跡。」を撮りたいようだ。しかし、いざカメラを回しはじめるとホタルはシナリオどうりの行動をしてくれない。灯した明かりもやがて消えてしまい、暗闇の中で隣の葉っぱへと移ってしまう。アングルが悪くなり、別の場所へ移動。そんなことを何度も繰り返し、撮影終了したのが夜中の一時「お疲れさま」と声を掛け合ってその日は解散した。

数日後、テレビの番組で、そのシーンが放映された。当日、ダメダシを繰り返して五時間かけて撮影したホタルは、わずか数十秒間で画面から消えた。でもカメラマンのシナリオどうりの映像だったので、改めて「お疲れさまでした」と画面に声をかけた。

ある日、夜になってホタルの飼育室に入ると羽化したオスのホタルを入れておいた飼育ケースの中で、煌々と発光する姿が目についた。普段は、数匹がけだるそうに点滅しているだけなのに、その日に限ってすべての個体が生き生きとした発光に見える。そして、どのケースも同じように活動的で、歩き回ったり、飛翔したりしている。明かりを点けて観察すると、ホタルは触覚を常に動かしながら何かを探しているように見える。

ふっと、気づいたのは、別の容器で飼育していたメスの蛹が数日前羽化したことだった。人には感じられないが、この飼育室にはメスの発したフェロモンが充満しているに違いない。オスたちは、その匂いに刺激され奮い立っているのだろう。すると、自然界でも同じことが言えはしまいか。オオシママドボタルのようなタイプのホタルが発光するには、メスのフェルモンが深く関わってはいないかと。

ある日、福岡の新聞記者という人から電話が入った。「現在、西表島に別件で取材に来ていて、明日、帰るのですが、ホタルの話を聞きまして、是非シーズンに写真撮影して記事にしたいのですが、ご協力願えますでしょうか」「いいですよ。四月頃にまたお電話下さい」といって切った。シーズンが迫った頃、電話があって「現在、福岡にいて、近々取材に行きたいのですが、どんなですかね」「もう、成虫が発光しているという話を聞いているので、今ならいいんじゃないですか。白浜林道では、以前、何万っていう発光が見られましたので、そこなら良い写真が撮れるでしょう」「はあ、分かりました。それでは行ってから、また、電話させていただきます」

数日した夕方、再び記者から電話が入った。「あの～。どこに行ったら見られるでしょうか」

私は「西表へ渡ってから白浜林道へまだ明るい夕方のうちに行って、暗くなるまで登りつめて下さい。七時四十分頃から発光が始まりますので、下りながらポイントを探して下さい。あの辺はいたる所で発光していますので、探すまでもないですが、撮影出来る時間は三十分ですので、それまでにはかならず発生場所にいて下さい。ところで、現在、何処にいるんですか?」

「あっ、白浜林道です。ここでいいですかね」

「ここでいいかって言われても、白浜林道のどの辺ですか」

「ええと、ええと…木の沢山生えている林道です。山があって…沢があって…木があって…ここでいいですかね」

「林道の入り口からどれ位登りましたか」

「ええと、………」電話が切れてしまった。

私は始め電話を取ったとき、てっきり石垣か西表の集落からの電話かと思っていた。その後、電話の前を離れずしばらく待ったが、ベルはならなかった。

「ところで、あの記者、懐中電灯は持って行ったのだろうか。長靴は履いて行ったのだろうか。写真は撮れたのだろうか……」

海底に潜む昆虫

平成九年、石垣島の「川平湾及び於茂登岳」が国指定名勝に定められたのを受けて、十一年度より保存計画策定事業が開始された。

それに伴い指定範囲内の動植物、歴史、民俗、考古学等が調査されることになり、私は昆虫類の担当として加わった。これまで陸上の昆虫類は資料もあり、私なりにいくらかの知見も得ていたが、川平湾という海域の昆虫に関してはほとんど資料もなく、未知の領域と言ってよい部分である。今回の調査の重点地域とした。

ところで、「海の昆虫」で思い当たる種をあげなさい。と言われたら、みなさんは何を思い浮かべるだろうか。

多分、何もないか、人によってはフナムシ、夜光虫辺りが出て来るかも知れない。フナムシは甲殻綱等脚目に属する節足動物、夜光虫は渦鞭毛虫目の原生動物（プランクトン）である。

ならば、「水の中にいる昆虫」と言ったら幾つか思い当たる種がいるかも知れない。そう、ゲンゴロウ、タガメ、ミズカマキリ、ガムシ、タイコウチ、コオイムシ、ヤゴ（トンボの幼虫）、カワゲラ（幼虫）、等意外と多い。ゲンゴロウ、ガムシは鞘翅目に属し、陸上のクワガタムシやカナブンと同じ仲間、タガメ、タイコウチは、あのヘッピリムシと言われるカメムシ（半翅目）の仲間、いずれも元々は陸上の昆虫が水の中へ適応したものだ。

しかし、さすがに塩分を含む海水中で暮らす昆虫は少ない。

平成十年四月、北海道の友人である堀繁久氏が家族と共に来島した。彼は、無類の昆虫好きで、学生時代は南の昆虫に魅せられ琉球大学に籍を置いていた。その後、卒業して郷里に戻り北海道庁環境センターに勤務しているが、四、五月の連休を利用して採集に来たのだ。今回の狙いはと問いかけると、ガッチリとした大柄な体格で髭をはやした堀氏は「そうですね。ゴミムシがメインかな」と悠長に答えた。「樹上性?。地上性?。それとも……」と聞き返す言葉を遮って「どちらかと言うと水性」という意外な返事が帰って来た。「ミズベ……ゴミムシ」といった河川周辺に生息するゴミムシを連想していると「海浜性のキバナガ類です」と付け加えた。

ゴミムシの仲間は、もっぱら落ち葉の下などに潜み夜間地上を徘徊する種が多いが、中には樹上の幹や葉を活動場とする種や地中から洞窟に潜り込んで、そこを生息域としている種など様々な適応をした昆虫のグループである。栄養源の少ない洞窟で暮らす種は、小型で羽や目を退化させ、触覚に依存する形態的特徴を現しておりメクラチビゴミムシなどと言う名前をあてがわれて

潮の満ちた砂の中に泡に身を潜ませたキバナガミズギワゴミムシ

いる。

また、水辺の環境にも適応しており、河原の石の下などにみられる種や海辺の潮間帯に進出した種もいる。キバナガミズギワゴミムシはそういった仲間だ。

来島当日、石垣島の北海岸に位置するヤマバレーの浜をキャンプ地にした。翌朝行ってみると堀氏は、浜に流れ込む川原の石をしきりに起こしている。遠くから眺めているとまるでクマがサワガニを探している姿に見える。

「何かいましたか」と声を掛けると「ここにはいないようですね」とのこと、生息環境を聞いて近くであてはまる場所を選び車で連れて行く。私は仕事を済ませ昼過ぎに行って見ると、川平湾に流れ込む河口の砂浜に家族三人の姿が見られる。「お～い。どうだった」と声をかけると、南国の強い日差しですっかり赤く焼けた三つの顔が振り向く。「いた、いた、沢山いますよ」と赤顔のクマさんが答える。「ミナミキバナガミズギワゴミムシですね」と言って小瓶にはいった四ミリ程の虫を見せてくれた。

その後、川平湾において名勝の調査までに二種のキバナガミズギワゴミムシが追加記録され、キイロキバナガミズギワゴミムシとクロキバナガミズギワゴミムシが小石混じりの潮間帯（干潟）に生息し、ミナミキバナガミズギワゴミムシは砂の干潟から小石混じりの干潟まで広く分布することが分かった。また、これらの仲間が甲殻類のトビムシを捕食していることも分かり、飼育下においてカニ類の死体も食べ、干潮時に摂食を行い満潮時には小石の下や砂に坑道を掘って潜んでいることが分かった。満潮時の様子を推測するため幅七ミリ程の薄い水槽を作り飼育したところ、大きな口（大顎）でアリのように砂粒をくわえては穴を掘って、潮が満ちてくると坑道にジッとしており、体の周囲に出来る気泡の中で過ごすのが観察された。次の干潮の時までは、気泡の空気で十分生きられる。

海に住むトビムシを餌源として、同じ昆虫類では競争相手の少ない潮間帯に生活圏を求めたフロンテア的昆虫と言える。幼虫も干潮時に干潟で見られることからライフサイクルのほとんどを満潮時の海底と干潮時の干潟で過ごしていることが分かった。

また、潮の引いた干潟ではトカライソジョウカイの飛翔する姿が見られ、幼虫は潮間帯を徘徊しているのでこの種も満潮時には海底で過ごすのであろう。

五月の干潮時にビーチロックを徘徊したり飛び回るハンミョウの姿が目につき、調べたところ海浜性のオキナワシロヘリハンミョウであった。このハンミョウは原名亜種シロヘリハンミョウが本州、四国、九州、伊豆諸島、対馬、屋久島、朝鮮半島に分布し、本亜種は奄美諸島、沖縄、八重山諸島、台湾に分布する。近縁種としてはヨドシロヘリハンミョウが知られ本州（瀬戸内海沿岸）、四国、九州、朝鮮半島、中国、台湾に分布している。この種は河口付近の泥質の水辺に生息し、幼虫の坑道が潮間帯に作られ、満潮時には水没することが報告されている（一九九九年、桃下）。

シロヘリハンミョウも海岸の岩礁帯で生息していることが知られているので、秋から冬にかけてオキナワシロヘリハンミョウの幼虫を探してみた。五月に成虫が飛び回っていたビーチロックの表面を丹念に見て歩くと、幼虫の入りそうな大きさの穴が以外と多い。しかし、観察していると小さなカニが出入りしたりするのでハンミョウの巣穴でないことが分かる。ビーチロックの表面を苔のように覆う藻類を調べると、突然小さな穴の開いた箇所があった。巣穴の入り口で餌を待っていた幼虫が人の気配で隠れたに違いない。しばらく待っていると幼虫が穴の奥から現れた。

巣穴の入り口がある藻類は厚さ一センチ程でビーチロックに張り付いている。巣穴の坑道はどのような構造をしているのであろうか。そこで、ひとつの巣穴周辺の藻類を少し剥がしてみることにした。坑道はすぐにビーチロックに突き当たり横へと五センチ程、藻の根元の砂を岩の表面に沿って掘り進められている。そこで一センチ程の幼虫が坑道に潜んでいた。満潮時もし冠水するとなれば厚さ一センチの藻類に掘られた巣穴は海水が入るに違いない。そこで営巣している位置が満潮時に冠水するか確認してみた。平成十三年一月二十二日の六時の満潮の潮位では巣穴より五センチ程海水が上がった。オキナワシロヘリハンミョウの幼虫も一時期ではあるが海底に潜む昆虫と言える。

そのほか、潮間帯の干潟に進出した昆虫としてはハネカクシの仲間がいる。これらはまだ分類が行き届いていないので、今後の研究がまたれる種だが、これら海底に潜む昆虫達は、地球上に生命が誕生した四十数億年の歴史の中で海から陸上へ上がり、再び、海へと生活の場を求めた仲間と言える。

ウミヌヨリムン

私自身が島で暮らす様になってから島の動植物がどのようにして、絶海の孤島に住みはじめたのか興味を抱くようになった。

生物地理学的に云うと島には、大陸島と海洋島の二種類があって、大陸島はかつて大陸の一部であった土地が長い年月の後に海によって隔てられた島で、海洋島は、その成立過程で大陸と繋がったことの無い島を意味する。

大陸島には、大陸時代からの生き物が海によって隔離され、その後、独自に分化した種が多く見られ、一方、海洋島では、いつの時代か海を渡って来た種で生物相が構成され、分化の度合いも島の成立年代と深く係わっている。

大陸島にしろ海洋島にしろ、島という地理的条件は一緒であるが、大陸島には海を絶対渡ることの出来ない生き物も生息する場合がありうる。そして、島として海から渡って来た生物相も合まって豊かで変化に富んだ生物相を構成する。

南西諸島の島々を例に取れば、石垣島、西表島、沖縄、奄美などは大陸島の要素を強く持ち、海洋島は大東島などが当てはまる。

八重山諸島の中で石垣や西表をのぞく隆起サンゴ礁からなる島々は、海洋島的要素は強いものの大陸島の近くに位置するため、それらの影響を過去において受けた。

例えば、石垣島の近くにある竹富島は、氷河時代に石垣や西表と繋がってひとつの島になったであろうことが島の生物相から分かる。

それはハブやメスには羽のないホタル、また、地中で幼虫時代を長く過ごし、成虫時期にも長距離飛翔の出来ないセミなどの分布が、島の成立後に陸続きになったことを裏付けている。

海の中で、海の生き物の亡骸（サンゴなど）が堆積して出来た地層が隆起して島となった後に、陸上の生き物が生息するようになったのだから、飛べない昆虫は陸続きになった時代に陸を渡って来たと考えるのが妥当だろう。

島に生き物が渡って来るには空と海からが考えられ、空からは鳥や蝶のように飛翔力のある昆虫、それに風に飛ばされる種子や微小昆虫があろう。海からは流木と共に流れ着く昆虫類やそれに乗って来る小動物、植物の種子などがある。大型の動物はあまり例がないが、かつて奄美大島と西表島でワニが捕獲された記録はある。これは漂流して来たことが考えられるが、大型動物の場合、少数個体がたまたま漂着しても繁殖の可能性はまずないであろう。

島にとって海流によって運ばれる物や命は、その生物相にとって重要であるし、昔から島に暮らす人々は、海の彼方から流れ着くものに強い関心を寄せていたのであろう。そして、海の彼方からやって来るものは、その時代をも反映している。島は海によって別の世界と繋がっているのだ。

私が石垣島に暮らし始めた当初、海岸に流れ着く人工的漂着物（人によって加工され、破棄されたゴミ）には、ビンとかガラスダマ（漁具の浮き）などのガラス製品が多かったが、今ではペットボトルやプラスチック容器が圧倒的に多くなった。

一九七十年代は、ベトナム戦争の救助物資なども流れ着き、西表の鹿川で暮らしていた三浦のオジイなどは、随分恩恵にあずかったものだ。

パックの中には、乾パンやら粉末食品やら英文のメッセージやらが入っていて「きっと助けに行くから気を落とさずガンバレ」といった励ましの言葉まで添えられている。

また、私がよく拾った漂着物では、直径十センチ程のプラスチック容器で、蓋の上には「福」という文字が刻まれており、中には写真や中国語のメッセージ、それにハッカ油の入った小瓶などが収まっていた。

文の内容は、台湾の経済的発展を謳歌する内容で、中国に対する反共的要素のものだったと思う。今では、中国も経済的に発展しているので投棄される意味もないだろうが、当時の時代を反映している漂着物であった。

最近では、タバコが大量に漂着したり、梱包された麻薬などもあって、海上密貿易の物資が目立つ。密入国者が多人数上陸したニュースも流れ、社会問題になっている。

当然、人が海の向こうからやって来る場合もあって、歴史的には多くの漂着者の記録がある。琉球王府時代には蔵元（役所）へ報告させ対応を計ったが、それ以前の時代では、送り返すことの出来ない場合は各村々に同化していったのだろう。人と共に異国の分化も伝わったに違いない。

ここ数年、流木の中に潜む昆虫や海岸に流れ着く種子を調べたことがある。漂着種子を時間をかけて観察していると、海岸で発芽して、一時生育するものの大潮や台風で大半が枯れてしまい、それでも生き残ったもののほとんどが島にも自生している海岸植物であることが分かった。

これはごくあたりまえの結果と云ってしまえばそれまでだが、毎年毎年の繰り返しの中で現在の海岸の植生が形成されたわけだが、その繰り返しも多く回を重ねるうちには例外的なことも起こり、思わぬ植物が上陸して繁殖することもあるのだろう。そういった漂着起源と思われる植物でも島の内陸部に長い時間をかけて進出している種がある。また島自体も長い時間の中で隆起や沈下を繰り返しており、隆起すれば内陸部に海の影響が残るだろう。

そういった作用は自然だけに任されているわけではなく、動物や人も多く関与している。鳥や動物は食べることによって種子を運ぶし、人が意図的に移す場合もある。

島に自生するモダマ

川平湾の調査をしているとき、海岸にココヤシが漂着して根付いていたが、ある日いってみると何者かによって掘り取られていた。たぶん、誰かの家の庭にでも植えられたのだろう。このように漂着発芽はするものの自ら上陸できないで、人によって移植されるとよく育つ植物が多い。

ゴバンノアシという熱帯性の植物もそうだ。種子が直径十センチ程もあって動物が食べたり、くわえて移動することはなく、海岸で発芽してもその場では生育出来ない植物だが、ひとたび内陸部へ移してやれば大木にまで育つ。

ある日、海岸で発芽していた苗の種名を確認するため家に持ち帰って育てたことがある。はじめカラスウリの苗だとばかり思っていたものが、成長するにつけ黄色い花をつけ、おかしいなーと思っていたら、今度は、ツルの途中から根っこを降ろし始め、やはりカラスウリなんだ、と思っていたらヘチマの実がなったことがある。そのヘチマの実は、沖縄あたりでナベラーと云われて若いものが食用にされる。しかし、その品種とは異なるようで、熱帯の方から原種に近いものが漂着したのだと考えられる。

すると、現在私たちが食用にしている野菜や原材料として利用している植物の中には、古くは海から流れ着き人によって栽培されたものも多いのかも知れない。

深石　隆司（ふかいし・たかし）

1948年、東京都新宿に生まれる。

中学生の頃、家の二階に下宿した大学生・喜友名朝次さんに接しウチナンチュと“遥かなる沖縄”を知る。

高校二年の夏休み、屋久島に渡り南の海と森に魅せられる。

以後、トカラ列島、奄美諸島、沖縄、八重山に旅する。

1977年、東京で勤めていた造形研究所を辞め、石垣島に移住。沖縄県鳥獣保護員などを勤めたりして、現在まで妻・美穂と染織工房を営む。

著作に『沖縄のホタル』沖縄出版（第45回産経児童出版文化賞受賞）。「嶋藍・唐藍考」沖縄タイムス。「沖縄に伝承する藍草の系譜」染織α。その他。

八重山ネイチャーライフ
－シマの暮らしと生き物たち－

2002年8月20日　初版発行
著　者　深石　隆司
発行者　宮城　正勝
発行所　（有）ボーダーインク
〒902-0076 沖縄県那覇市与儀226－3
電話 098(835)2777　fax 098(835)2840
http://www.borderink.com
印刷所　（株）平山印刷